"时评中国"精选集
时评与思辨写作

曹林 —— 著

北京大学出版社
PEKING UNIVERSITY PRESS

图书在版编目（CIP）数据

"时评中国"精选集：时评与思辨写作 / 曹林著. —— 北京：北京大学出版社, 2025.8. —— ISBN 978-7-301-36462-8

Ⅰ. G634.343

中国国家版本馆CIP数据核字第2025YZ2566号

书　　　　名	"时评中国"精选集：时评与思辨写作 "SHIPING ZHONGGUO" JINGXUANJI：SHIPING YU SIBIAN XIEZUO
著作责任者	曹　林　著
责 任 编 辑	闵艳芸　任　慧
标 准 书 号	ISBN 978-7-301-36462-8
出 版 发 行	北京大学出版社
地　　　　址	北京市海淀区成府路205号　100871
网　　　　址	http://www.pup.cn　　新浪微博：@北京大学出版社
电 子 邮 箱	zpup@pup.cn
电　　　　话	邮购部010-62752015　发行部010-62750672 编辑部010-62752824
印 刷 者	大厂回族自治县彩虹印刷有限公司
经 销 者	新华书店
	650毫米×965毫米　16开本　15印张　150千字 2025年8月第1版　2025年8月第1次印刷
定　　　　价	58.00元

未经许可，不得以任何方式复制或抄袭本书之部分或全部内容。

版权所有，侵权必究

举报电话：010-62752024　电子邮箱：fd@pup.cn

图书如有印装质量问题，请与出版部联系，电话：010-62756370

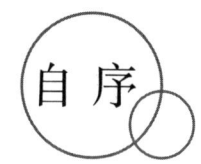

"时评"活水：对议论文写作的降维打击

"问渠那得清如许，为有源头活水来！"对于高考作文写作而言，时评写作所积累的素养，就是那个激活思辨写作、给写作加分的"活水"。

时评作为一种公共文体，之所以在高中语文教育体系中越来越受到重视，首先在于它拥有一种"降维打击"的高能思维。在言论、观点类的文体家族中，时事评论比中学议论文有着更宽广的视野、更大的思辨空间、更底层的逻辑思维，也需要更高的写作驾驭能力。一个经常关注时评、能写好时评的中学生，必然能够更好地驾驭议论文写作。很多议论文之所以很空洞，一个结构性的问题在于，中学生缺乏日常生活经验，诸多议论仅仅是基于教材、中学视野和"想象的世界"，坐井观天，中学认知限制了自身的思辨想象力。

而鲜活、有机的时评，对中学生是一种必要的补充，填补了中学生生活经验不足所带来的"想象贫乏"和"观点空洞"，帮助他们面对一个话题时能做到真正的思辨。中学生的议论文，常游离于"极小"与"极大"之间，要么只是身边极小的、同质化的琐事，编、憋、挤，缺乏意义感。要么就是不着边际的"极大"之事，民族的、国家的、世界的、远方的、未来的。而中学生的积累，尚不足以撑起这种极大之物，从而使写作容易沦为一种空洞的、无病呻吟的"抽象的忙碌"，写出的不是中学生自己的话，更不是这个年龄能驾驭的大道理。

要么琐碎，要么宏大，中间缺的是什么？缺少的是中观的、中层的、及物的视角，时评提供的是一种必要的中层视角：每天发生的热点、评论家的观点、由具体的社会问题生发出的思考，例如，人工智能、强制下班、反内卷、DeepSeek热下的冷思考、如何看优绩主义等。这种中层视角，是训练中学生批判性思维的最好话题，也是补充生活经验不足的最佳方法。中学生虽然没有多少生活经验，但别人的生活、新闻热点中的世界，延伸着他们接触世界的肢体，从而让"极小的中学生活"与"极大的生命世界"有了时评的媒介。时评素养高的学生，文章中充满思辨想象的气场，游刃有余，这就是一种降维打击的写作上的优势。

"活水"是一个非常贴近的隐喻，时评中提供的素材，就是议论文写作取之不竭的时事活水。时评是一个素材的海洋，这里面是来自生活的"有机道理"，是冒着时间热气的"有机素材"。我一直认为,时评是议论文写作最让人舒适的表达形式——让自己写着舒适,也让读者读着舒适,因为文章中有世道人心,有生活的土壤。"故知文变染乎世情,兴废系乎时序,原始以要终,虽百世可知也。"时评不只是评,它更是我们生活的时代环境,命题者浸泡在时事热点中,评卷者生活在时评氛围中,答卷者也是以"时评"为中介与命题者、评卷者进行对话。答卷者带着时评脉搏写出的每一个字,评卷者都能感受到。

时评是训练批判性思维的不二法门,思维只有经过长期训练,才能在关键时候驱动起深度思辨的写作。时评写作这种日常的训练,不是在学校出几篇作文题就可以完成的,需要到更开阔的时评世界去呼吸,去锤炼自己。这个过程中所积累的时评素材,不是死的,不是工具性的,而是活泼、有生命力的,能在自己的思想内存中被随时调用。

"半亩方塘一鉴开,天光云影共徘徊。"思辨的真正打开,需要活水,更需要一面能照见世界的镜子。时评的日常训练,有如"心灵方塘之鉴"照见天光云影,时评之镜,思辨之刃,让笔下生发出一束光能照见另一束光的光芒。

目录

一、阅读与积累

别被"精彩"废了,忍受枯燥是一种筛选机制 / 003

读书是一件需要绕远路的事 / 009

拿什么拯救梗塞的"文字失语者" / 014

语文教育决定了影响你一生的关键素养 / 019

学好写作,《文心雕龙》每年得读两遍 / 025

不断保持对话的碰撞式读书 / 031

读书离不开触觉,截肢式阅读毁人不倦 / 035

别失去"长文字"表意能力 / 040

思考与写作需要一面镜子 / 045

思维混乱的人有个共性,他们很少写作 / 050

以记忆之网和写作锁住知识,避免读了白读 / 055

# 时代与观察

宽容偷外卖的贫困学生？难道不是对贫困的侮辱 / 061

她没能走上考场，但所有人都给了她满分 / 065

一个社会对读书的信仰 / 069

北大考古女孩给了很多人一记棒喝 / 072

感谢那些为读书亮灯的人 / 076

尊重她不想成为"励志偶像"的小希望 / 079

真爱她们，就别再为她们的不涨价而自私地感动 / 082

你负责貌美如花，一定有人在承担"丑"的代价 / 085

哈尔滨很火，但评论要抵制过度阐释的诱惑 / 088

ChatGPT 的强大智能是对人的反向测试 / 092

越少写作的人，越容易崇拜 DeepSeek / 096

思辨与议论

高考作文是在给那些有批判性思维的人加分 / 103

写高分作文，押题最 low，高手押的是时粹 / 112

解析 2021 年高考作文，"不躺平"的一万种写法 / 120

跳出套路迷思，用批判性思维驱动写作 / 128

对思与否思：思维热启动让写作有话可说 / 137

修辞想象力：论点角度"开挂"的思维支点 / 149

好评论"三字经"：灵魂字、转折字、纵深字 / 162

高考作文反大道理，向生活下沉 / 176

（2023年高考作文命题解析之一）

"美是理念的感性显现"——好作文需要生活意象 / 184

（2023年高考作文命题解析之二）

在思辨竞争中让观点脱颖而出 / 193

（2024年高考作文命题解析）

四 方法与案例

数字生活，不必强求老人适应你的"便利" / 205
　　——深度思考的艺术

被迫卷实习的大学生，夹在大学与企业间的可怜人 / 210
　　——垂直的力量

该不该给孩子背书包谁说了算？ / 213
　　——角度的美感

在别人的荒漠中找到属于自己的鸟语花香 / 216
　　——语言的魅力

我为衡水中学鸣不平 / 220
　　——理据的冲击力

我为什么不喜欢这样的"北大学长""北大学姐" / 224
　　——锚定靶点让问号更有力

一 阅读与积累

别被"精彩"废了,忍受枯燥是一种筛选机制

学者刘擎有一篇文章谈到"忍受枯燥"这种能力,特别有道理。他说:"如果同学们在娱乐文化的背景下成长,那么,他们能忍耐没有笑点、没有兴奋、没有生动言谈方式的时间便非常短。他们的阅读能力也在下降,手机上'短平快'的东西破坏了养成深度阅读的能力。我们的大学模式是建立在20世纪中叶的文化环境里的,假设你能专心致志地读书,就能够忍受表面上枯燥但实际上有深度的内容。现在整个文化环境改变了,年轻人对'枯燥'的忍受力非常低。"

确实,对枯燥的忍耐力,可能是一个优秀的人最深沉的素质,也是与平庸者最大的分野。生活在消费主义和娱乐化环境中的一代人,被"精彩"惯坏了,越来越失去忍耐枯燥、在枯燥中学习的能力。人们热爱爆梗、段子、金句、笑点、生动、包袱的感官刺激,习惯被消耗自己时间的娱乐文化所喂养,学习感官已经钝化,进入不了越过枯燥门槛而深度学习的境界。学习越来越依赖如德国知名的时间社会学家伯格曼所说的各种"装置范式",这些阅读装置以友好而人性化的方式帮你消除各种"枯燥",将费力的文字转化成轻松的视听语言,植入笑点,

人人面前一台可供随时切换的电脑。这些让你从枯燥中解放出来的学习装置，实际上进行的已经不是真正的学习，而是让学习成为一种信息消费的景观。这种"学习景观"生产着让人躁动和焦虑的欲望，而不是用厚重的知识思想去驯服欲望，并让人安静下来。

能真正滋养一个人的事，往往都带着某种枯燥，需要学习者忍受一定程度的枯燥，投入深度注意力去穿透抽象。写作的开始，是枯燥的；阅读一本经典，是枯燥的；深刻的课堂，是枯燥的；创新、创造的过程，往往也是枯燥的。枯燥是一个门槛，为不学无术者、浮躁者、消遣者设置了障碍，只有越过这个门槛，沉浸其中，才能慢慢获得愉悦。"精彩"，不是一个"被动获得"的结论，不是让别人喂养你，一下子就提起你的兴趣，而是在孤独静观、克服枯燥后先涩后畅、读懂读通、习得新知、打通困惑所获得的知识愉悦感。很多人特别喜欢那种无须自己投入多少理解力的"精彩"，上来就是高潮，开口就是金句，其实那只是娱乐和商业对你的消耗，而不是可沉淀、可致知的思想。

写作是一件需要忍受枯燥的事。常有学生跟我说，为什么总感觉没法下笔？因为没有灵感，总是要等着有灵感的时候再动笔。我说，哪能这么被动地等灵感？你得现在就思考和动笔，刚开始肯定是一个枯燥的过程。我的经验是，克服了开始的30分钟的枯燥，逼着自己动笔，想着想着，就进入状态并找到灵感了。所谓的"一气呵成"，很少在刚动笔时就有写作冲动，而是在克服开始那30分钟的枯燥之后酝酿出来的。伟大的记者李普曼一生创作了1000余万字，这需要克服枯燥的强大意志，李普曼初出道时，他的老师威廉·詹姆斯曾教育他对自己要有所强制："一个作家每天至少要写1000字的东西，不管他是否愿意，甚至不管他有无东西要写。"

阅读是一件需要忍受枯燥的事。我在以前的文章中谈到过，读一本好书是需要资格的，你要有耐心让自己慢下来，坐得住冷板凳，忍得了枯燥晦涩，而不是看一两页就轻易扔一边。再深奥难读的书，克服了前30页的阅读痛苦，坚持一小时，就能慢慢读进去了。前30页往往是作者设置的障碍和门槛，一个优秀的作者也是在寻找优秀的读者，绝不希望自己的作品被不学无术的人"糟蹋"。很多人的问题在于，容易被书名吸引，却连读30分钟的耐心都没有。那些让人感觉很舒服、不断点头称是的轻松阅读，往往是重复一个人既有认知的无效阅读，要想获得认知增量，需要艰难的"入境"，需要烧脑的坚硬阅读。

上一门好课是一件需要忍受枯燥的事。我常听学生说，某某课是好课，老师善于讲段子；某某课太枯燥，全是抽象的概念和艰涩的推理。我认为，判断一门课的好坏，绝不能用"能不能在10分钟内吸引我"的消费者自负的标准，那是对一门好课的侮辱。首先要清楚，自己是不是需要这门课去完善知识体系，提升自己的思想？学生与老师不是"我花钱让你教我知识"的消费关系（流行的知识付费异化了教育关系），只有全身心投入学习过程，才会有收获。其次是要有忍受枯燥的心理准备，投入并参与其中。

　　知识的传授过程本身就蕴含着枯燥，逻辑推理、方法训练、批判性思考，这些都需要学生自己琢磨、分析、深思、质疑、否定，才能内化，应该主动探索而不是被动投喂。如果把课堂当成在德云社嗑着瓜子、跷着二郎腿、后仰着身子等包袱的场景，那能学到什么呢？课堂学习应该是一个把身子往前倾、坐冷板凳、主动致知（Knowing）的过程。摆脱那种听"奇葩大会"、看脱口秀综艺的消费感，试着忍受前30分钟的枯燥，才会有所收获。

　　枯燥是一个门槛，庸人越不过门槛，睡着了，或者被电脑上的综艺节目和手机上的段子吸引了，时间便被谋杀了。优秀的人则忍耐了前30分钟的枯燥，沉浸到写作、阅读和课堂之中，日积月累，就有了"学霸"与"学渣"、"人才"与"人手"的分别。所谓优秀，绝不是机巧式的小聪明，背后必有强大的枯燥忍耐力，聪明人下笨功夫，越过了枯燥并攀登到知识的高处。

　　什么是拖延症？我在课堂上跟同学们分享过战胜拖延症的方法：忍受10分钟的枯燥，就战胜了拖延。迎合你欲望的事，从来无须拖延，反而要考虑"延迟满足"（实际上，延迟满足也是努力忍受相对于即时满足的枯燥）。让你拖延的事，开头往往有一定的枯燥性，让人望而生畏，让人不想动手而往后拖。在强大自律的支配下，立刻着手去做，迈过开头的10分钟，接受了这件事情，并进入做事的"心理场"，从中享受成就感。当受到"行动正反馈"的激励时，你便停都停不下来了。

好习惯的养成，也是克服枯燥的过程。坐地铁时读书而不是刷短视频，睡前读几页书而不是刷短视频，会议间隙写几段文字而不是刷短视频，有了想法立刻记下来而不是"等会儿记下来"，多动笔去记而不是相信记性。刚开始总会感觉有点枯燥，当有了近一个月的积累，回过头去看，有了受益感，进入身体本能，就成习惯了，终身受益。

所谓专业训练，哪一个不是克服枯燥的过程？历史学者桑兵曾说："长时间不断重复的、枯燥乏味的基础性练习，是培养兴趣、逐渐变成内行所不可或缺的必由之路。"弹钢琴，学历史，读哲学，读文献写论文，写一手好字，成就名记者、大编辑……每一个让人景仰的专业成就、受到业内外肯定的专业人士的背后，都经历了常人无法忍受的枯燥。你看到的有趣好玩，那是别人专业积累之后游刃有余的从容驾驭。创新，不是脑袋一拍灵机一动，新点子就来了，而是枯燥的重复实验、头脑风暴、文献输入、失败沮丧、爬起来继续干所累积的产物。专业学习和训练，本身就包含克服外行人无法忍受的枯燥，读普通人永远不会读的东西，做一般人受不了的重复训练，站在其他人的肩膀上，从而拥有不可替代的专业资本，超越"人手"，成为"人才"和"人物"。

那些能成就人、滋养人、在哪里都能受到推崇的好品质，大多跟"忍受枯燥"相关。延迟满足、专注、自律，它们的核心都是对枯燥的克服。勤奋、刻苦、深刻、耐心、坚毅、钻研、节制、谨慎、惜时、慎独、适应，仔细品味这些特质，都能看到对枯燥的超越，接受并越过枯燥，才能抵达这些滋养人格和意志、让人受益终身的好品质。

很多时候，人们对"有趣"的追求隐含着不愿投入枯燥、忍耐的沉浸过程，期望一下就抵达"感官的愉悦"，其实这是肤浅之源。所以我觉得，应该珍惜那些考验你枯燥忍耐力的挑战，警惕那些迎合和喂养，以找工作为例，第一份工作最好找一个能训练你枯燥耐受力的岗位，积累从容驾驭各种挑战的资本。如今很多所谓的"学习"，已经脱离了真知的求索，成为保健按摩式、营造得到知识幻觉的商业娱乐；不是让你克服枯燥去获得新知，而是迎合着你"厌恶枯燥"的惰性，用感官去刺激和满足即时的欲望，把需要硬啃的知识再生产为表面有趣实则失去原质营养的"知识点""金句""成功学鸡汤"。这实际上不是"滋养"，而是娱乐工业对你的"消耗"，消耗的是时间、金钱和意志。他们席卷金钱一笑而过，你却在傻乐中成为"废人"，对"精彩"刺激的要求越来越高，对枯燥忍受的阈值越来越低。

我常跟学生讲，学习就是学习，娱乐就是娱乐。想娱乐，那就好好玩，投入地玩；想学习，就不要机巧地伪装，美其名曰"娱乐式学习"。读书，尽可能去读严肃的文字——经典、原著、干货，在孤独的沉浸和默读中收获新知，并通过"输出"去固化它，在克服枯燥中获得一手的、上等的知识，而不是等着别人把你当宝宝，投喂添加着各种甜味剂、哄着惯着你的"知识营养品"。

读书是一件需要绕远路的事

常有学生让我帮着开个书单，他们往往是看了我的某篇评论，或者听了某次讲座后，提出开书单的请求。他们觉得，曹老师读了很多书，肯定对书有一个排序，知道哪些是经典哪些是糟粕，肯定有一个"强大书单"形成的知识体系，支撑着一个人能滋养他者的思想输出。

"书山有路，学海无涯"，谁没有经历过迷茫呢？我特别理解学生对好书的渴求，但我一般都拒绝了这种开书单的请求，理由有两个：第一，一般指望别人开书单的人，可能都不怎么读书；第二，让人开书单，带着一种在读书上想走捷径的诉求，这不是读书应有的态度。读书是一件需要绕远路的事，偷不了懒，走不了捷径。书单是私人读书的产物，是困惑、寻找、辗转反侧、蓦然回首那人却在灯火阑珊处的遇见过程，不是可以绕过这个博览的过程而直接享受的结果。

大学者讲课、大作家写文章时之所以能旁征博引，将休谟、海德格尔、王尔德的观点信手拈来，是因为书单里有休谟和王尔德的著作，或者写文章前碰巧读了海德格尔的观点，才"拈来"的吗？当然不是，他们靠的绝非现学现卖，不是百度搜索，

一　阅读与积累　009

不是"碰巧记住了某段话",而是绕远路看风景的思想积淀。他们读书时就是专注于读书,根本没想着将来写文章时要用到某个论证中,或者某个场合引用一下能凸显思想深度。开卷有益,博览群书,通过无功利、绕远路的海量阅读,形成宽厚的知识塔基和灵敏的心智结构,让自己在输出时可以达到"知识自由""引证自由",不会产生"书到用时方恨少""话到嘴边说不出"的输出障碍,才能让"六经注我",思想自由驰骋。

社会学家安德鲁·阿伯特把这种表达输出时的"知识自由"称为"联想式致知"(Associative Knowing),即游刃有余地形成联想,将事物彼此关联,牵一发而动全身。比如钱锺书先生,随便一个关键词,就能从古今中外的知识史钩沉中讲个半天,并且能说出某个哲学家的某段话在某本书的哪一页,那本书在自己书房的第几个书架第几层的第几本。要做到有效的"联想式致知",你的头脑必须充满知识,能将你看到的新事物联系起来:事实、概念、记忆和论证,它们像许多小钩子一样起作用,抓住你所面对的文本中的东西。这些钩子像触角一般,能把新材料、新知识"吸附"到既有的知识体系中,让大脑成为一部移动的百科全书,在公共事务上输出洞见。

郑也夫教授在一次讲座中说过,文史哲是学习社会科学的基础,他特别推崇王国维,认为其在文史哲方面是全才,没有短板。文史哲的知识,都不是"有用"的知识,而是绕远路去问一些在日常生活中不会问的问题,舍近求远。就像一棵树,不知道日后长得多大多高,那就先把根扎得深一些、广一些。

"联想式致知"这种强大的知识勾连能力，是在长期绕远路的读书生活中形成的，无目的，无功利，不只是读今天的畅销书，而是从畅销书的文献目录中看到一个学科的经典，例如，绕远路去读古希腊哲学家的书，读孔子、孟子。为了了解某段历史，也绕远路去读一读古罗马史，读读修昔底德……长此以往，知识的金字塔基越来越广阔，有一天就会发现，知识和思想是相通的，人性是连在一起的，今天不过是历史的延续，大地不过是星空的边线，太阳底下无新鲜事。读书经过绕远路的过程，有了积累，分析问题时才能形成"联想式致知"，从而起到"走近路"的效果。

功利式读书、书单式读书、碎片化读书、以知识消费、"有用"驱动的阅读，这些由商业思维支配的读书形式，试图走捷径，实际上思维都被毁了。芝加哥大学社会学系安德鲁·阿伯特教授对此是这么批评的，他说："大部分我教的学生认为，知道一些东西就是知道一个网址。他们致知的主要模式是去'寻找'（Finding）。他们上网寻找知识所花的时间，比在学校的时间要长得多。他们把阅读本身定义为一种寻找。也就是说，对他们来说，'阅读亚当·斯密'意味着寻找每一章中真正重要的五六个句子。他们不明白，亚当·斯密其余的句子都包含着论点和论据，他用这些论点和论据来产生并捍卫了这些学生划重点的部分。对学生们来说，阅读只不过是在网络以外的地方浏览。它是一种过滤掉无关紧要的闲散部分并找出真正重要事情的练习。"

这段批评太经典了。大学者写书，也是一个"绕远路"的过程，梳理文献、历史，与既往经典对话，然后用翔实的资料去论证。这一论证的过程比结论重要多了。很多走捷径的读书，只是找结论，搜索结论——看前言推介，知道一个结论，好像就已经读了这本书，这完全是买椟还珠。只有了解了论证过程、论据以及所使用的逻辑和方法，阅读了丰富的历史，才能掌握思想的精华。了解一个学科和专业，最好的方法是先读它的思想史，绕远路去掌握它的思想地图，才能真正进入这个学科。

写作也是如此，没有绕远路的心智训练，就无法形成支撑新颖输出的批判性思维。哈佛大学前任校长德里克·博克把一个人的思维进化分为三个阶段：第一阶段是"Ignorant Certainty"，即"无知的确定性"，这是一个盲目相信的阶段；第二阶段是"Intelligent Confusion"，即"有知的混乱性"，这是一个相对主义的阶段；只有少数学生的思维水平能够进入第三阶段"Critical Thinking"，即"批判性思维"的阶段，能提出疑问并在分析后给出不同的判断。以提出疑问为起点，以获取证据、分析推理为过程，以提出有说服力的、有创造性的解答为结果。想要进入批判性思维的境界，必须经历一个"有知的混乱性"的阶段，也就是经过充分积累，拥有提出疑问并作出判断的资本。"只知其一，便一无所知"，说的就是"无知的确定性"。绕远路读了很多书，知"其二""其三"，才有能力举一反三，对"其一"进行批判性思考，从而作出关于"其四""其五"的创造性判断。

绕远路，需要克服很多枯燥，然后才能达到思想顶峰。安德鲁·阿伯特教授继续陈述了自己的观点："如果你直接问这些学生亚当·斯密的论证，他们会给你一个要点列表（我几次重复过这个试验，结果大致相同）。列表上的所有项目都是亚当·斯密说过的，甚至会是亚当·斯密说过的重要内容，但是它们之间没有逻辑联系，因为学生并不真正把论证看成复杂的逻辑句法，他们把它当作一个清单。Powerpoint教会了他们这一点。"这也是我一般拒绝给学生课程PPT的原因，PPT似乎是知识的捷径，好像有了PPT就不用认真听课了，我不喜欢这种捷径思维。课堂包含着论证和展开的过程，没有这个过程支撑的"PPT知识点"，一点用都没有，那只是"点"，无法连成"线"并形成"面"。

少依赖书单和搜索，多绕点远路来读书吧。读书，读一些"无用"的书。

拿什么拯救梗塞的"文字失语者"

心中所想难以付诸文字,离开"梗"就不会说话,除了"yyds"找不到其他赞美的词,万物皆可"绝绝子"……"文字失语"成为一个越来越需要重视的社会问题。此前,《中国青年报》社会调查中心联合"问卷网"对 2002 名受访者进行的一项调查显示,76.5% 的受访者感觉自己的语言越来越贫乏。在豆瓣小组"文字失语者互助联盟"里,9 万余位受"文字失语"困扰的网友集结一堂。表达能力的退化这一现象的出现,也是我此前提到的"重视频轻文字"所带来的恶果,豆瓣上的这种互助联盟是好事,体现了大家对"文字失语"的反思自觉。

说这些人"文字失语",好像挺不可思议的,哪里像失语呢?他们中的很多人,似乎都是话痨,在微信群、朋友圈、论坛上常常很活跃,抛"梗"、接"梗"如行云流水,表情包比谁都多,段子一个接一个,张口就是流行语,喋喋不休。他们没失语啊?其实,这正是失语的病征之一,离开社交平台装置和网络流行语,便不会说话了。借助表情包、"梗"、流行语、省略语的表达,不是你在说话,而是"话"在说你,未经你的思考和语言生成,"梗"借助你的指尖和嘴将自己说了出来,你不过是那些"梗"的通道。久而久之，你的文字表达能力便被"梗"住了，成为"语梗"患者，也就是"文字失语"，失去自如地用文字表达想法的能力。

在网络空间和社交空间中，有些人好像特别能"说"，处于表达的活跃状态，但那种表达并非自我的语言创造与生成，而是网络和流行的语言生成，过度依赖网络装置。电子媒介时代，我们的表达和交流越来越依赖电子媒介的装置，这些装置已经深深嵌入人们的日常表达，它们被设计得越来越人性化和友好化，便捷、易上手，甚至成为我们肢体的延伸，让人觉察不到它们的存在。应用界面、短视频、表情包、流行语、"梗"、段子……很多人看上去"能说"，不过是依赖这些"装置"而已，就像日常习惯依赖提词器的做法一般。于是，当离开电子媒介装置自动生成的一套语言，进入需要自我生成语言的现实生活或创作场景时，有些人便严重失语了——"那什么""是吧""你懂的"。

这便是依赖电子媒介装置的"重视频轻文字"现象所带来的问题，停思，无思，文字断片。我们必须有意识地跳出那种装置依赖，训练自身在思维中主动生成语言和文字的能力，才能治好"文字失语症"。

语言不是工具，文字不只是说出、写出来的话，它是一种受思维支配、有活性的、需要保持训练才能自如表达的东西。哲学家梅洛—庞蒂有句话说得好："说话人并非在用言语表达某种既成的思想，而是在实现它。"表达不是"移动"现成的东西，表达是具有创造性的，从"所想"到"说出"，是一项极为艰难的工作。也就是说，言语和文字表达并不是现成的，它是一个生产和创造的过程。依赖"梗"、表情包、流行语的人之所以"失语"，是因为在"被梗说""被表情包说""被流行语说"中，失去了思考过程和文字的自我生成能力。因此，把"梗"当成现成的外套，我们会渐渐失去用自己的语言给"想法"穿上衣裳的文字力。

如何戒除电子媒介装置并恢复文字的自我生成能力呢？我有三个建议。

第一，多读纸质书，少看视频，创造默读和静观的主动思考空间。说到底，再精彩、再有知识含量的短视频，都代替不了纸质经典阅读。视频不是用来学习和思考的，而是用以娱乐和消遣的，那些诉诸直观、形象、快感、趣味的画面，只会激发感官刺激和欲望消费。当你看短视频时，大多会处于一种节奏感染或放空状态，很少会跟着思考，更不会有"把它说出来或写出来"的同步思维。而读书不一样，如一直倡导阅读的南京大学周宪教授所言："阅读与思考密不可分，文字的理解就是努力通过抽象的能指来理解其后的所指，把握文字的复杂意义，眼睛在页面黑色字体间有序地扫视，不断地在头脑中转换成特定的意义。"读书是从容的、双向的、可以反复的，视频则是单向的、不可逆的、不可停顿的。默读的孤独性和理性思考，有助于建构"理性自主的自我"，让思维在默读和静观中保持文字生成的活性。

我们赖以表达的文字思维，不能被那些娱乐感官的短视频给废了。文字的表达需要文字阅读的激发，因此，纸质书的阅读无须依赖其他装置，其自身有一种自动的文字生成性，促进我们用文字思考并将文字输出。

读书，要读整本书，读原著原作，读纸质书，千万不要迷信"让别人替你读书"。一个"文字失语者"的反思很有道理，他说："公众号、微博、B站、知乎……有很多地方可以获取知识。总有人用一篇推文、一则视频讲完一本很厚的书。我们看这些内容，好像也能获得知识，但总觉得很不对劲。可能是因为这些东西都很零碎，所以很难帮人建立一个思想谱系，也很难被用于'再输出'。"是的，那些碎片化的内容都是别人"输出"的东西，营养很低，很难有维持你"再输出"的营养。只有读原著、接触完整的原典思想和智慧，才有"再输出"的知识冲动，促进我们用文字来进行思考。

第二，多创造机会自己去秀，少看脱口秀。脱口秀很少是临场脱口而出、体现语言天赋的即兴表演，多是提前写好文案，然后照着提词器念，营造剧场"笑果"。看脱口秀只是娱乐，并不能提高你的文字表达水平和交流欲望，相反，哄堂大笑的环境甚至会压抑你的表达，文案的精彩所营造出的现场感染力和语言天赋带来的冲击，让人更不敢开口说话——我的语言多无趣啊。同时，这种氛围会让你停留于"别人说得好好啊"的娱乐情境中，跟着重复那些所谓的爆梗、包袱。脱口秀语言是别人的语言，免除自己去说去写的劳苦，听总比写容易，这再次压抑了文字的主动生成。

因此，我建议，少看在网络语言中内卷的脱口秀，如果实在觉得自己的语言干瘪贫乏，可以多看文学经典，积累对美好事物的丰富表达力。英国作家柯勒律治在他的《传记文学》中曾谈道，一群旅行者凝视一股急流，突然喊出"多美啊"，作为对令人极为感叹的景观特征的一种含糊表达，他对此是很鄙视的，觉得退化的词汇"多美啊"使多姿多色的景象失色。因为，伟大的文学作品的一个功能就是描绘隐于语词之后的生动的情感。英国作家王尔德也说过，人们之所以看见雾，不是因为有了雾，而是诗人和画家教他们懂得了这种景色的神秘可爱性。如果人们语言干瘪，张口就那么几个词——"牛啊""yyds"，说明缺少文学的丰富阅读，无力用文学家教我们的语言来表达出大千世界那无穷无尽、"一波才动万波随"的灵动可爱。

第三，戒除对网语、省略语、表情包、低幼化语言的依赖，多用完整的文字来表达，有意识地用"生活语言"替代那些脱口而出的"魔性语言"。不要把碎片化的朋友圈、微博内容当成表达，要养成把想法写成长文字的习惯。不要让网络社交替代现实社交，因为在网络上，即使那些省略语在小圈子里能创造出所谓的"亲近感和交流效率"，但这种"亲近性、排他性"容易形成一种温暖的共同体幻觉，到了面对面的现实生活中，人们就说不出话来了。

不妨试试这三个建议，坚持一个月，文字能力必能"复健"。

语文教育决定了影响你一生的关键素养

这段时间舆论场闹出不少文字笑话，从中都能看到社会在文字使用上的退化。某地一则通告，竟在标题中把"湖南省张家界"写成"湖北省张家界"。再想到之前袁隆平先生去世，一些明星在纪念时，把"国士无双"写成"国土无双"，把"袁老"打成"衰老"。这些不是偶然个案，也不只是输入法的失误，其背后反映的是语文能力问题。文字能力退化的另一种表现是"文字失语"，离开"梗"就不会说话了，这也是"重视频轻文字"带来的后果。这些问题，都指向了语文教育。文字能力的退化与失语，更让我们看到了语文教育的重要。

复旦大学邓建国教授曾在微博里引用一位资深教授的话："从前来学新闻的学生，汉语还不错，英语一塌糊涂；现在的学生英语还不错，汉语一塌糊涂。另一个老师说，其实他们的英语也好不到哪里去。"北京大学陈平原教授在一次演讲中提到："对中小学教育而言，每一门课都很重要，但是本国语言文字、文学的修习可能是最重要的、影响你一辈子的。一辈子回过头来看，其实对你影响最大的是语文课。"

我的朋友圈中有很多中学语文老师，媒体评论员和语文老师一样，都跟文字打交道，都把文字当成安身立命之所，通过文字去影响社会。我在一篇文章中致敬过语文老师这个群体："他们在中学教育中扮演着连接和整合中学知识的重要角色，是中学这个教育共同体中的思想者，是中学生价值观的重要塑造者，为中学生进入大学担负着思想摆渡者的角色。我的一个感觉是，每个在大学里有思想、有个性、善于思考的大学生，在中学里一般都有一位有思想、有个性、善于思考的中学语文老师。中学语文太重要了，学生今天走向社会时对生活和工作起决定作用的一些关键素养，如批判性思维、写作能力、阅读判断力，大多能从通识化的语文教育中找到源头。"

钱理群教授曾说，语文老师承担着给予学生"精神的底子"和对语言的美的感受的重任。是的，语文教育决定了那些影响我们一生的关键素养。受到过好的语文教育，打好语言文字基础，能让我们在视频图像和娱乐文化的喂养环境下，保持严肃并坚硬的阅读习惯，拥有强大的枯燥耐受力，不被"小作文"带节奏的批判性思维、流畅的写作和表达能力。这些能力，都是现代社会定义一个人的"优秀"所必备的素养。严肃的阅读习惯和强大的枯燥耐受力，让我们能接触到最有价值的知识；批判性思维，让我们总能在相同中看到不同，从正常中看到反常，有创新敏感和创造欲望；流畅清晰的表达，则让我们不必以他者为中介，自己舒展自己，在有效率的沟通中更多地被看到、被理解、被欣赏。

语文教育带给我们第一重要的能力是严肃阅读的能力。不要觉得"阅读"很容易,试试你能不能做到打开一本书就立刻可以读下去并汲取到思想?有效率的致知阅读,不是一件容易的事,需要语文教育中的训练。阅读某个文本,不是仅仅训练学生去找"中心思想""写作目的",找标准答案,而是沉浸其中并与作者进行对话,是在对话中获得愉悦、习得新知的过程。这个过程,需要深度的专注,才能先涩后畅,先慢后快,抵达新知。我在跟北京大学和中国人民大学那些"高考胜出者"交流时发现,他们绝不只是"优秀的考生""精致的考试机器",而是在中学阶段就读了很多书,阅读和致知能力都很强。受爱读书的语文老师的影响,他们很少在手机上阅读,能抵制强刺激的诱惑,集中精力,专注于纸质经典,一本书一本书地去"啃"。他们在阅读过程中投入身体劳动,在凝神阅读中捕捉书中的多重、深层信息,勤奋地用笔写下触动自己的精粹段落。中学语文课养成的阅读积累和习惯,让他们在进入大学后在读文献、检索信息和深度认知上,有更优秀的表现。

在日常媒介消费中,人们用于刷手机看视频的时间很长,却做不到坐下来看几页书,这便是缺乏专注阅读的训练,被有着强刺激按摩效果的视频惯出了惰性,追求轻松、有趣、直观、动感、快感,对单调和枯燥耐受力极低。而如果一个人缺乏严肃阅读的能力,就无法建立一个凝神静观、主动思考、深度致知的理性人格。在中学,如果语文老师热爱阅读,他们就能在讲课中旁征博引,由一个材料引出更多有趣的材料,给学生打开一扇门,引起学生去读某本书、某类书的兴趣,这样的老师对于学生来说就是一盏灯。

第二重要的能力是批判性思维，在思维训练中掌握辨析与判断的方法。到了中学阶段，语文教育就得超越语言文字规范和叙述，迈向文字思维和思想。有价值的阅读和写作，都需要思维支撑，而批判性思维又是现代人最重要的思维之一。批判性思维不是让人去批评、否定、反驳，而是让一个人有能力在别人停止思考的地方（答案、结论、教条、权威、常识），往前再走一步，提出探索性的疑问，在证据中分析推理，最后做出某种独到的、有说服力的判断。你的作文能不能在一般考生之上发掘独到的角度，搭建饱满的结构，驱动有效的论证，都需要借助批判性思维。我之前写过一篇分析高考作文题的文章，题目就是《高考作文是在给有批判性思维的考生加分》。

你拿什么去"批判"？批判性思维以充分的阅读为基础，有了阅读所形成的积累，见过知识世面，开阔了眼界，你才能有升维站到更高处去"批判"的"本钱"。歌德曾说，"只知其一，便一无所知"。掌握多元的材料和角度是批判的前提，很多人之所以缺乏批判性思维，就是因为只有"一元思维"，满足于接受一个标准答案，陷入"无知的确定性"。而通过阅读积累，起码能知道很多事情有两种以上的可能性，不仅知"其一"，起码还知道"其二""其三"，甚至"其四"，这样才能形成对比、对勘、辨析、辩证、否思的思考，用"其二"与"其一""其三"进行批判性对话，创造力便被驱动了。这就是创造力的关键秘密，创新洞见就体现在这个对话过程中。语文教育要通过丰富的阅读给学生打开思维阀门，在知"其二""其三"中，对"其一"进行批判性思考，举一反三，进而创造出"其四""其五"。

第三重要的能力是写作，就是文字和思想最终的输出。不仅仅是写出来，而是让思考变得清晰并固化的过程，思维需要输出来进行驱动和整理，因为大部分人的思维都是处在潜意识水平的，只有提升到词语水平，才能倒逼思维的清晰。所以，要想让思维变得清晰，没有比把它表达出来更好的途径了。清晰的思维与活跃的写作互相成就，写作是对思维的激活与整理，把潜意识状态的"想法"唤醒，用想法碰撞出更多的想法，让脑、手、口形成一种流畅协同的状态——想到了，就能清晰地写出来，进而畅通地说出来。文字输出，是综合能力的体现，这也是像高考、考研、公务员考试、招聘考试等都要求写一篇文章的原因，支撑文字输出的是一个人读过多少书、批判性思维的活跃度、日常动笔的勤奋度。

写作也能锻炼出一种对话和讲理人格。思考停留在自己脑子里时，只是一种"自以为是"，而写出来，就要接受他者的审视与批评。这个"一边写、一边与他人对话"的过程，是培养自己形成常识感、逻辑性、修辞感、说服力的过程。这也是我认为"重视频轻文字"的媒介环境破坏公共文化的一个重要原因，因为以消费为导向的电子媒介文化，缺乏耐心和长时关注，信息与表达方式平面化，培养的是情绪化、内向、封闭、消解、狂躁、碎片的自我人格，而不是文字凝神性实践中的开放与对话。

实际上，一个人的价值观，正是在阅读、思考和写作中形成的，在阅读中跳出自己狭窄的生活世界，去与历史、未来、远方的哭声、远古的智慧、远去的背影对话，思考那些自身利益之外的事；相信那些远方的哭声最终会与自己相关，从而让自己具备同情、怜悯、善良、勇敢、利他的公民美德。诗人约瑟夫·布罗斯基曾说："与一个没读过狄更斯的人相比，一个读过狄更斯的人更难因为任何一种思想学说去伤害同类。"语文教育的"精神底子"，在读、思、写的日常训练中塑造着一种与公共事务、公共利益形成密切联系的饱满人格。

学好写作，《文心雕龙》每年得读两遍

所谓经典，不是放在书架上、书单中、文章注释中供人膜拜的，而是拿来读的。经典应该用"每年让人读几遍"来定义，比如像《文心雕龙》这样的经典，我每年起码要读两遍，每读一遍都会有新的收获。新近读到"隐秀"一章，当时我正好在研究评论文章中的"飞跃性概括"和"提神醒脑的金句"，刘勰关于"秀"的阐释给了我很多启发："秀也者，篇中之独拔者也。""秀以卓绝为巧。""彼波起辞间，是谓之秀。"秀句，就是文章的金句，句间鲜秀，如巨室之少珍，一篇文章如果没有几个有强大概括力、让人有摘抄欲望的句子，很难称得上是好文章。

在我看来，经典之所以为经典，有三个特点：其一，经过了时间的残酷筛选。黑格尔说，所谓常识，不过是一个时代的偏见。几个月、几年，甚至一两个时代流行的书，可能都浸润着那个时代的偏见，很容易被时间否定或遗忘。能经历成百上千年仍被传诵，说明它涉及的命题、价值和关怀是超时代的，触及社会和人性的根系，是为经典。其二，每次阅读都能让人有新的收获。它包罗万象，有一种强大的思想生命力，能与人们在不同的年代遇到的新问题形成对话，让读者汲取新的营养。

其三，它站到了某个知识顶峰上，在很多基本问题上给出了创造性的答案和精巧的阐释，后人自以为是的创造或洞见，不过是拾其牙慧。

《文心雕龙》就是这样的经典，在我心目中堪与亚里士多德的《诗学》媲美。我一直觉得，这是一本被人们忽略和低估的经典，它所蕴藏的写作智慧远未被发掘出来。人们的日常离不开写作，可上到大学受过高等教育的人，读过这本书的人并不多。这本书汇聚了古人写作方法和技巧的精华，前人关于写作的经验、规律、理论、教训、智慧，都被刘勰以精练而精美的骈文总结出来。书中解读为文之用心，如雕龙般精细入微，全面系统地解决了文章写作中遇到的各种问题。

我教评论写作快15年了，自以为总结了一些"独家独到"的写作方法，但读了《文心雕龙》后才发现，刘勰老师几千年前就总结过了，而且比我总结得要精练精彩多了。比如，我讲写作讲到"案例论证"时，一直强调"反例"的论证张力，文章论证不能都是正面案例（全是同质案例，仅仅是一种合理化），一个反向案例所起到的证明效果，要超过10个正向案例。要论证"努力比方向重要"这个命题，罗列"刻苦努力然后取得成功"之类的同向案例并没有多少说服力，不能回避现实中"方向错了努力无效"的反向案例，就像哲学家波普尔说的"证伪"，要越过反向案例这个障碍。

《文心雕龙》中针对上面这一点讲得很干脆："故丽辞之体，凡有四对：言对为易，事对为难，反对为优，正对为劣。言对者,双比空辞者也;事对者,并举人验者也;反对者,理殊趣合者也;正对者,事异义同者也。"

什么意思呢?"言对"最简单,所谓"言对",就是排比,文章中那种看似轰轰烈烈很有气势的排比,语言上的对仗工整,一会排成四字,一会排成六字,炫耀文采,是最容易的。就像某些矫揉造作的骈文,华丽其表,空洞唬人。"事对"就不容易了,说事儿,也就是讲几个故事,举几个能贴切地体现观点的具体例子。"反对"是极好的,而"正对"就差很多意思了。也就是说,罗列一堆"事异义同"的正向案例没什么论证效度,要有"理殊趣合"的反向案例。看看,经典讲得多深刻和精粹。

再比如,我一向主张议论文或评论写作"宁要片面的深刻,不要肤浅的全面",千字的评论,能把一个道理的某个角度讲明白,就很了不起了,文章无须既要、也要、还要、都要,而是要锚定一个角度去深掘,体现必要、而要、更要、只要。有人说,所有好故事都是从"可是"开始讲起的。评论也是如此,好评论也是以"可是"作为起点的,将庸常的认知、常规的判断作为起点,不必面面俱到,不要首先其次再次地去摊大饼,要有一根贯穿始终的金线、灵魂。

你看《文心雕龙》对这个问题讲得多么透彻:"论也者,弥纶群言,而研精一理者也。""钻坚求通,钩深取极。""是以论如析薪,贵能破理。""弥纶群言,而研精一理者也",区区几个字,就把意思说清楚了。"弥纶群言",很像文章的"文献综述",了解公众在这个问题上的基本看法,看到这个话题上的

"观念水位",作为自己写作的基准线,然后站在这个基准线的肩膀上。"研精一理",就是抓住一个角度去深挖,打一口观点的深井。"何谓附会?谓总文理,统首尾,定与夺,合涯际,弥纶一篇,使杂而不越者也。""若筑室之须基构,裁衣之待缝缉矣。""夫能悬识凑理,然后节文自会,如胶之粘木,豆之合黄矣。是以驷牡异力,而六辔如琴,并驾齐驱,而一毂统辐;驭文之法,有似于此。""附会",就是找到了那根抓手和金线!避免"尺接以寸附",憋、挤、编,想一句写一句,碎片化表达,写出来的东西必然没有灵魂,缺乏感染力。

"综学在博,取事贵约,校练务精,捃理须核",这就是经典,它触及的是写作的根系,作为写作者,我们都要从这个根系中汲取营养。经典蕴含着人类典型的感情、典型的思想、典型的人性状态、典型的思维习惯,提供了人类从古到今的情感广度和思想深度,它能告诉你,前人已经写到什么程度了,人的思考水平、思维能力已经达到怎样的深度、厚度、高度和广度,这是一个不可缺少的文化坐标。读《文心雕龙》就能在写作理论问题上看到前人的深度与高度,从而对我们的传统文化有一种温情的敬意和谦逊。经历千年,其实关于写作的基本问题并没有发生多大的变化,"文以辨洁为能,不以繁缛为巧;事以明核为美,不以深隐为奇",什么是美文,什么是深度好文,如何才能让文字力透纸背,如何避免"繁华损枝,膏腴害骨",古人早已道尽真髓。

读《文心雕龙》这样的经典,能让人安静下来,慢慢沉淀,而不是追新逐奇，去整大词儿。作为评论员，我特别讨厌一些营销号推送的"某某媒体高级词汇替换"，将大媒体的评论文章进行拆解，生吞活剥，总结出一些"高级词汇"，让写作者去模仿，例如将"满意"替换为"欣喜于"，"不满"替换为"困惑于"，"缺乏"替换为"匮乏"，"巩固了"替换为"写下生动注脚"。这种舍本逐末的文字肢解式技巧，毁了学生的表达。很多学生对议论文的厌恶，就是从这种"套用别人的高级词汇"开始的。不是自然舒服地说自己的话，而是套别人的话才显得高大上，学生的表达欲望因此被窒息。

话语是在有机写作中生成的，在读书中积累的，在思想中涵养的，而不是找几个高大上的词"现成替换"。再好的语言，也经不住这么"替换"，所谓高级词汇，很容易就成套话空话了。有些学生的作文八股气十足，语言"腐败"，就是不少这种所谓"写作技巧"带来的。某地高考中出现的高分作文，满纸"替换式高级词汇"，语言整容化、替换化、造作化，缺乏清新自然之气，就是深受这种套路作文风之害。如何学习媒体的时评文章？鸡蛋好吃，不是把鸡蛋打碎去研究它，而要研究下蛋的鸡是如何积蓄营养的。要学习评论员的写作和积累方法，不是把他们的文章进行肢解，大卸八块卸成"高级词汇"，让学生去套作填空。

《文心雕龙》说得很清楚，"才高者苑其鸿裁，中巧者猎其艳辞，吟讽者衔其山川，童蒙者拾其香草"。所谓"香草"，可能就是某些营销号说的"高级词汇"了，这是投机取巧的低级积

一 阅读与积累 029

累。刘勰极为鄙视没有灵魂地堆砌辞藻，将之贬称为"芜辞滥体"，"足以召后来之谤议者，亦有三焉：一曰繁，二曰浮，三曰晦。繁者，多征事类，意在铺张；浮者，缘文生情，不关实义；晦者，窜易故训，文理迂回"。他将"情"和"理"置于远高于辞的位置，"文采所以饰言，而辩丽本于情性。故情者文之经，辞者理之纬，经正而后纬成，理定而后辞畅，此立文之本源也"。

《文心雕龙》中有写作的技艺、技巧、方法，更有写作之道，这是根本。"《易》曰：'鼓天下之动者存乎辞。'辞之所能鼓天下者，乃道之文也。""故知道沿圣以垂文，圣因文而明道，旁通而无滞，日用而不匮。"文章能够"鼓天下"，不是因为巧言令色，不是耸人听闻，而是"道之文"。刘勰特别重视传统经典，他反对一味追逐新奇，看到一个新东西就去学习，而强调"宗经"，即以经为宗："是以往者虽旧，余味日新；后进追取而非晚，前修文用而未先。可谓太山遍雨，河润千里者也。"

作为核心知识的"道"能"太山遍雨，河润千里"，这个意思，我在之前的评论中也总结过：在新事物层出不穷的今天，有资本落伍，有能力不变，积累核心资本和传统基因，将自己的擅长发挥到极致，让新事物回过头来追着你跑。当你在一个专业方向上能做到极致，做到精深，那些"新事物"自然会反过来找你，这就叫"往者虽旧，余味日新"。永远追着那些新事物奔跑，多累啊，我们之所以努力，要"闻道"，很大程度上就是为了让自己可以从容一些，有资本不必逢"新"必追，有能力在积累中保持不被新事物"碾压"的先进性。

不断保持对话的碰撞式读书

"两耳不闻窗外事，一心只读圣贤书。"读书不是什么热闹的事，而是孤独的、安静的、独处的，是深度沉浸在一本书所构建的思想世界里，I have to live with myself。但这种"静默"只是表面的，一个专注的读书人看上去好像很安静，心无旁骛，目不斜视，但内在的对话感官却异常活跃和热烈，每个思维触角都保持着敏锐火热的对话状态：用自己的生活跟作者对话，拿这个作者跟另一个作者对话，跟历史传统对话，跟当下热点对话，把自己一分为二，跟自己过去的某种偏见对话……一本书在读后能够沉淀下来的快乐、思想的愉悦就在这个活跃的对话过程中。

冰心说："心灵的灯，在寂静中光明，在热闹中熄灭。"读书人的心灵就是如此，孤独和寂静创造了一个最佳的阅读环境，当身边安静下来时，心灵的灯就点亮了，对话感官也开始活跃。一个读书人，他外在的对话感官可能是笨拙的，远离社交的热闹，在人群中会觉得很孤独，不喜欢搭讪和交流，但内心的对话感官却非常发达，打开一本书，世界就是他的了。沉思状态中，人能从自身"出离"，形成一种"自失状态"，将自己沉浸于那个对象世界之中："我见青山多妩媚，料青山见我应如是。""举杯邀明月，对影成三人。"精骛八极，思接千载，神游万仞，与圣贤相遇，跨中西对话。

真正的读书，需要这种充分将内在对话感官调动起来、不断保持对话的碰撞式读书，思想不是某个教条式的结论，而正是在对话中所碰撞出来的。比如，我读鲍曼的《现代性与大屠杀》，读到这句话："由于他们的行动与结果之间有着很长的链条，人们的道德意识就会模糊从而导致道德盲视。"由此，不难联想到当下煽动网暴的那些网民，他觉得自己只不过是发了一个帖子而已。每个网民都这么认为，网上与网下、行动与结果间隔着很长的链条，于是就形成了那种对网暴的道德盲视。"链条"这个词，汉娜·阿伦特也提到过："当罪恶的链条足够长，长到无法窥见全貌时，那么每个环节作恶的人都有理由觉得自己很无辜。"

这就是一个对话的过程，我读鲍曼时，跟现实中的网暴对话，跟阿伦特对话，从而对那个"链条隐喻"有了更深刻的理解。后来我在谈新媒体流程分工的"流水线作业"时，就化用了这个理论：现代劳动的一个特点是，为了工作效率而把各种任务分割成独立的环节，分工越细，每个环节上的劳动者就越不了解这个活计本身的意义。零部件标准化，生产过程被分割成一个个不断重复的简单劳动岗位所形成的流水线，劳动者迅速成为熟练工人，也随时可被替代。这个过程看不到整体，思维也逐渐被驯化成"熟练工思维""零部件思维"，形成条件反射般的线性判断，不能由此及彼，也无法在作为高维的整体中看到自己的方位。

读书时保持对话的心智，将书中的内容活化为自己的思想，写作时才能将读过的书信手拈来。所有深沉的阅读，都得有自己的生活体验、感悟、思考做底色，这样才不至于把书读"死"。所谓"读死书"，就是将书的内容当成"死的教条"去死记硬背，再去生吞活剥。只有经过对话的碰撞，死知识才能变成自由调用的"活思想"。

哲学家陈嘉映谈到读书时说过："读书这件事，从来不只是为了吸收信息，读书把我们领进作者的心智世界，我们通过阅读与作者交谈，培育自己的心智，而不只是搜寻信息。""六经注我"，而不是"我注六经"，读书是在对话中训练自己的心智，而不是让自己的大脑成为别人的"跑马场"。鲁迅是这样说的："倘只看书，便成了书橱，自己的脑子被别人的马践踏个遍，就没有自己了。"

读书应避免单一信息的刺激，只知其一，那叫"无知的确定性"，思想之为思想，在于总有某种"不同"形成激荡，在碰撞中获得新知。书里说的是过去的事，那么跟当下的热点形成对话；书里讲的是西方的语境，那么跟中国的现实形成对话；书里提供的是一种社会学视角，那么用传播学视角与之对话；书中对某种现象持批判态度，那么能不能用一种相反的态度与之对话？这才叫"把书读活了"。对话体现了一种"主动的思考"，读书应该是一个积极主动的过程，把作品当成某种思考的对象，而不是全盘接收或背下便于引用的教条。作者通过写书来创作内容，是一个生产的过程，读书不是对"内容生产"的"消费"，而是一种再生产，在对比、参照、批判、质疑、印证、归类、概括等对话式阅读中进行再生产。

有了这个再生产的过程，作者的思考才能融汇为自己的思想。写作时的引用，不是从"读书记忆库"中搜寻信息，而是在自己的心智系统中调用知识，旁征博引，信手拈来。大学者的"好记性"，靠的当然不是死记硬背，而是读书时的某种对话碰撞形成的知识标记，将内容深深地刻在脑子里。新闻学大师方汉奇的好记性就是这么形成的，方先生读书时喜欢做卡片，这些读书卡片有什么用呢？有一次方先生在接受媒体访谈时谈道，这些卡片的作用，是帮他的记忆形成了一张立体的网。他说："一个新的材料掉进去，立刻就被这张网锁住，成为它的有机组成部分。如果你的这张网大且厚，产生的联想和提示自然就会让你接受新信息相对容易；反之，你的网又薄又小，基础不够厚重，那记忆就比较困难。"方先生强调："所谓天才超群的记忆力，秘密不过如此。"

这种记忆方法，我称之为读书的"网式记忆法"，相对的是"知识点式记忆"。点式记忆是很容易遗忘的，读书很容易读了白读，而形成网状关联，就能锁住知识了。读书对话的过程，让不同的知识间形成勾连，久而久之，就如蜘蛛那样，结成了一张又大又厚的网。

读书离不开触觉，截肢式阅读毁人不倦

读书，也叫"看书""阅览""阅读"，眼睛和视觉似乎是读书的主导器官，"看"往往就是人们"读"的方式：目不斜视，目不转睛，专注浏览，一目十行，过目不忘。所谓"过目不忘之才"，可能只是不认真读书的人编出来、找偷懒借口的神话，包含着人们在读书上的一种根深蒂固的视觉自负，以及对"看"不切实际的期待。只用眼睛看，其实是最肤浅、偷懒和低效的读书方式。传统时代，起码还得捧着一本书去"看"，电子媒介时代，书都不用去翻着看了，本来肤浅的"看"，又被所谓的"人性化技术"简化到更浅的程度：眼睛跟着页面滑动就行。漫画版、干货版、视频版、名家导读版、趣味版、速读版、拆解版，迎合着视觉的愉悦和便捷，将内容最大限度地视觉化。电子阅读封闭了其他感官，只剩下视觉投入。

然而，读书，其实是离不开触觉的。当下电子媒介主导的读书方式，认为光靠眼睛就可以完成读书，视觉成为知识输入的唯一"感官"入口，将对读书至关重要的"触觉"驱逐出阅读场景，使阅读方式变得越来越浅。

捧卷而读，倦极则眠。捧着一本书去读，不只是"捧着"

书去看,在这个最传统的阅读场景中,"捧"不是一种方便"看"的姿态,而是包含着一种深深的触觉投入。触摸着书卷,让身体全面地浸润、渗透、融化到书本新知中。读到妙处,或用手戳划重点,或掩卷沉思,或拿笔圈圈点点,或大声诵读,或踱步琢磨、拍手叫好。这些"积极的身体参与",不是以眼睛为中心的"读书小动作",而是精读所不可缺少的感官投入。光靠眼睛去读书,常常会产生"觉得读了,又好像没有读"的感觉,就是缺乏其他感官——尤其是"触觉"的投入。读书如果只剩下眼睛,等于是截肢式读书。

在阅读的问题上,人们向来有一种视觉自负,也可以叫视觉自欺,将眼睛当成与书本连接的关键焦点,而没有意识到读书应该是一件全身心投入的事,眼睛只是看得见的"接触点",而不是全部。"眼睛是人类心灵的窗户",这个著名的隐喻,见证着视觉在人类感官中的核心位置,笛卡儿认为视觉是所有感官中最高贵、最复杂的感官,这似乎是不言而喻的,眼睛直接、客观地呈现着外在世界,一个可见的世界才是一个可理解的世界。不过,哲学家赫尔德挑战了这种"视觉中心主义",发掘出触觉的价值。他批评视觉太快、太轻、太肤浅了,直言它"无法把握任何最彻底、单纯、首要的东西"。视觉只发现形状,触觉则是感觉其他事物实体质感的官能。触觉直接地与世界进行身体性连接,这种"直接在场"在某种意义上,拒绝自由漂浮的想象力的介入,紧紧咬合触摸对象,而不是像视觉那样"游戏""滑行"。

捧书、翻书、找书、查书、抄书、啃书，通过具身化的身体接触，让知识"可触摸"，才能在身体参与的"紧紧咬合"中让知识进入不会流失的深层记忆。

这里涉及对视觉、听觉、触觉的哲学认知，在对"知觉"的深度抽象分析中，这个区分很深刻："相邻之物构成表面，最简单、纯粹的相续之物构成声音，相渗之物就是身体或形式。"表面、声音、形式，分别对应着视觉、听觉和触觉。触觉的深刻之处就在于，它是通过与对象的实质性"相渗"去完成认知的。所以哲学家赫尔德说："触觉之所以给予我们更为可靠的知识，在于其不同于视觉把握的瞬时性，触摸的进展是缓慢的；不同于视觉的清晰，触觉是模糊的。""触觉是最模糊、迟缓、懒散的官能了。"诚然，与视觉的清晰性相比，触觉呈现对象的方式是模糊的；与视觉的快速相比，手的行进如此缓慢，"眼睛如同闪电般迅疾，于一瞬之间把握对象。然而，手却从未触摸到对象的全部。它无法在一瞬间把握形式……它要不间断地去触摸"。但是，触觉的缓慢的进展为认知做出了较好的保障。

深度读书的过程，不正是如此吗？不是"闪电般浏览中于一瞬间把握对象"，而是在缓慢触摸中"笨拙"地把握，要在手脚并用的触摸中把那些深奥的内容啃下来、吃进去，在身体的渗透中"吃透"它。翻书、折书、闻书、舔书、抄书、啃书，这些都不是可以忽略的小动作，以触之手观看，以看之手触摸，这个过程包含着精读所需要的触觉的深度参与。读海登·怀特的《元史学：19世纪欧洲的历史想象》，读彼得斯的《对空言说：传播的观念史》，读陆机的《文赋》，读钟嵘的《诗品》，如果不用触觉去对话，便很难悟到"此中有深意"。

这是一个复杂的"身体劳动"的过程，触觉总比视觉慢一拍，而慢的优点是通向细密和纹理，它积极主动地延长感受过程，闭上眼睛感受，让知识渗入存储器。我在之前关于读书的文章中，引用过复旦大学新闻学院邓建国教授的一段话，他说："尝试了千万种阅读方法，最后发现高声朗读和逐字手抄经典著作，才是性价比最高的学习方法。唯有身体卷入才是彻底的和终极的记录和传输。"我转发时说："读书方法，没有捷径；过目不忘，一目十行，只是不读书人编出来的读书神话。"邓建国所说的"身体卷入"，实际上就是深度的触觉投入，眼、手、嘴、脑、心、耳都要参与其中，沉浸带来的"自失感"，才能调动起读书所需要的高专注度，在身体联动中形成有效记忆。一句一句一段一段地读。读不懂就去看注释，再看不懂就进行延伸阅读。慢下来用身体"死磕"，先慢后快，先涩后畅。

身体其他感官投入越多，读书效果越好。我看过关于"学习吸收率金字塔"的一张图，很有意思。被动学习，吸收率非常低，听讲只有5%，阅读10%，听与看20%，示范与展示30%。而主动学习才有高吸收率，主动包括，小组讨论50%，实际演练70%，转教别人或立刻应用则有着90%的高吸收率。可以看到，"主动学习"的内涵就是高度的身体卷入，通过身体的参与和劳动让思想涵化进身体记忆之中。所以，我读完一本书，一般都会就此写一篇书评，或者将其融入新近的讲座课件中，用自己的语言把那些经典的思想叙述出来，转教给学生。只有当身体的感官触觉充分参与"劳动"，不只是看书时画线标重点，读过的内容才能物质性地沉淀入身体。

只用眼睛看，视觉往往于一瞬间包容万象，其负面的后果是，繁多的色彩或数量"压倒我们并无止境地分散了我们的注意力"。视觉切断了精神通向认知底层的可能性，在赫尔德看来，"闭上眼睛"，在手的抚摸之下，"幽暗"的心灵底基才默默浮现。

由此我想到麦克卢汉所说的"截肢"，很多人读麦克卢汉，只记住了他所说的"媒介是人的身体的延伸"，没有注意到麦氏说的另一半，即"媒介也会有截肢效果"。"延伸"也是一种阻碍自我认识的截肢手段。人们对自己在任何媒介中的延伸，都会产生依赖，最终适应了自己延伸的形象，变成一个麻木的封闭系统。过度依赖"导航"，身体就失去了方向感。过度依赖算法喂养，我们就失去了用身体寻找信息的本能。同理，如果我们过度依赖眼睛"看书"，依赖可视化技术对视觉的迎合，读书时荒废了触觉，便切断了其他身体感觉的参与，只留下眼睛这个"阅读入口"。被太快、太轻、太肤浅的视觉所主导，读书的深浅可想而知。

别失去"长文字"表意能力

感慨于某件时事,友人在朋友圈敲了很长一段文字,从几个方面阐释了自己的想法,与大家分享。我跟他交流想法时,他突然来了一句:"这真的不是 ChatGPT 写的,是我的想法,一个字一个字敲出来的。"何出此言?原来有好几个朋友问他,这么长一段文字,是不是 ChatGPT 生成的?他于是有此解释。

很有意味的"误解"!这种场景绝非个案,自从 ChatGPT 流行后,人们看到一段稍长一点的文字,总会嘀咕一下,是不是 ChatGPT 写的?倒不是文字很 ChatGPT 化,而是"长文字"在人们的日常社交语境中已经变得非常少,人们的表达和交流很少会用到大段文字,实际情况是,表情包、流行语、短视频、梗、语音、短信、微信、微博这些媒介装置,已经接管了人们的表达。人们似乎把文字当成某种麻烦,"人性化"的技术竭力解放着人们"敲字表达"之劳苦,将人们视为"麻烦"的文字使用压缩到了最低限度。

微信、微博、小红书、快手、短信、短视频、微视……我们可以看到,这些流行的媒介平台都是以微、小、快、短作为标签去吸引用户的,无论是"微",还是"短",针对的都是文字，最小限度地使用文字，短小精微到可以表意即可。人们的文字书写日常已经被又快又短的碎片化表达所占据。回想一下，你每天的日常文字表达，有多少能超过140字？又有多少能超过200字？在碎片化的表达中，又有多少可以整合成完整的意思，我们是不是已经失去了写500字、1000字的能力？尽管我们的社交效率需要"微、小、快、短"，但绝不能因此失去长文表意的写作习惯。

甚至连微信公众号的长文章，都迎合着那种短文字的表达和接受习惯，段落必须短，一句话就是一段，一句就得另起一行，完全打破了传统文章的长段落结构。当人们的表达被即兴、碎片、社交化的短文字所"统治"时，难怪有人文字写得长一点，严肃思考一下，就被怀疑是ChatGPT所生成的文字了。这是人们失去深度思考、失去长文字表达能力的一种时代症候。

之前我在文章中讨论过文字失语症，其实很多人并不是真正的文字失语，并没有失去文字表达的能力，真正失去的是长文字表达能力：思维和表达都是碎片化的，没有能力用超过140字的长文字去完整、系统地进行思考、表达和写作，几句话就讲完了（而不是讲清楚了），内容干瘪、肤浅、口水化，撑不到一篇严肃的思考所需要的长度。被"微、小、快、短"所支配的思维，写不出深度长文。

我一直鼓励学生们戒除对社交媒介短文字表达的依赖，养成用长文字写作的习惯，用长文字去思考、写作和辩论。时评写作就是训练用长文字进行表达的一种很好的方式。时事每天都在发生,素材取之不竭,这些素材构成我们的生活背景,激发着我们的思考。普通人可能只是借助"微、小、快、短"的平台吐槽几句,感慨"这太让人愤怒了""太了不起了""永远可以相信""破防""双向奔赴",沦为转瞬即逝的口水。时评作为一种说理文体,逼着我们在别人愤怒、感动、不平、焦虑却停止思考的地方多思考一会儿,用长文字去思考,用长文字去说理、论证和阐述,在长文字中训练批判性思维。

长文字才有说理和论证的空间,短文字只能承载浅层的表意和情绪输出。针对有年轻人"上香"这样的新闻,有评论说:"年轻人在做题和作弊之间,选择了作法,年轻人不上课不上进只上香。"这些在社交媒体流行的段子,虽然听起来很俏皮,押了某种世象的"韵",却根本经不起逻辑上的推敲。所以有人会调侃说,不要相信那些写歌词的人。歌词这种短文字,本来就没有接受逻辑推敲的对话准备,只是传染一种情绪。难怪勒庞会说:"让某种观念进入乌合之众头脑最可靠有效的办法之一,就是不理睬任何推理和证据,只做简洁有力的断言。一个断言越是简单明了,证据和证明看上去越贫乏,它就越有威力。简单、重复、押韵,受众便被迅速传染了!"

用"长文字思维"去思考一下某些媒体对"年轻人上香"这则新闻的评论,就会发现很多问题,这里面包含着多重的污蔑和逻辑陷阱:其一,上香只是个别人的行为,并不是集体行为,全称判断对整体形成污名。其二,事实上"个别年轻人上香",但在传播中变成了"只上香",什么叫"只上香"?你怎么知道别人没有做其他努力而"只上香"呢？一个"只"字就完全扭曲了事实。其三，"不上课不上进"是怎么得出来的结论呢？显然是为了与"只上香"形成对立而臆想出来的标签，上课、上进和上香，为什么不能兼容，而非得从"上香"推理出"不上进不上课"呢？

长文字因为有容纳逻辑推理和论证的空间，才能把道理掰扯清楚。文字空间，就是为说理而准备的，言多必失，如果没有道理，缺乏逻辑，讲得越多，漏洞也越多。当下舆论场的诸多口水和戾气，很大程度上都是因为短文字泛滥成灾、缺乏长文字训练导致的。表达和交流追求"微、小、快、短"，驱逐长文字，也就将逻辑和论证驱逐出了公共空间。有人说，短文字是谬误、情绪、鸡汤、戾气、浮躁的温床，确实如此。许纪霖教授曾说过，现代人接受碎片化的资讯，看似什么都知道，其实思考能力在不断下降，越来越碎片化，碎片之间没有逻辑，所以人最容易被操控，只用一句口号或"金句"就可以将人动员起来。

长文字也是一种筛选机制，将自己"胡思乱想""灵机一动"中经不起推敲的地方筛选掉，留下真正的思想，用长文字将其固化下来，从而使思想能够经得起时间的筛选。经由长文字筛选并沉淀下来的思考，才是有深度的思考，深度是一个需要"长文字容器"收纳的思想空间。在长文字中层层推进的思考，剔肉见骨，柳暗花明，才能抵达事物的本质。这个筛选过程，也是对读者的筛选，是将那些"只受口号蛊惑"的人筛选掉。我一向反对用标题党去"吸引"人，是因为，不读书不思考的人，不会因为一个吸引人的标题就进入一个需要投入专注力的文本，对写作者而言，娇艳的标题只会降低文章的品格，不要为不属于自己的读者演绎自己不擅长的姿态。长度本身就是一种有效的筛选，这篇文章不是写给你看的，是写给那些有耐心慢下来思考的人看的。

当然，你千万别跟我较劲，说"短平快"不比"又臭又长"好多了吗？不妨先试着读懂"长文字表意"这一观点背后的问题意识。

思考与写作需要一面镜子

评论观点是如何形成的？不是源于绞尽脑汁后的灵光一闪，也不是蹲守在键盘前的灵机一动，深刻的、有价值的观点，需要一面镜子，观点是在"与某种镜像互动"中形成的。没有镜子，坐井观天，胡思乱想，自言自语，无法生成观点。观点，观看之点，谁在观？观什么？被谁观？《旧唐书·魏徵传》中说："夫以铜为镜，可以正衣冠；以古为镜，可以知兴替；以人为镜，可以明得失。"正衣冠，知兴替，明得失，就是观点和洞见。

研究中国思想史的葛兆光教授对"镜子"有一番高论，他说："没有镜子，你只能自我想象；只有一面镜子，你只能从正面看自己；有两面镜子，可以看自己的正面反面；可是当你有了多面镜子，前后左右照，你才能得到立体的、全方位的、细致的自我认知。"

确实如此，思想和思考，总预设着一面镜子，不同的镜子，看到不同的问题，激发出不同的问题意识。"问题意识"总需要一种他者的激发，如果你拒绝真实的镜子，只是活在自拍美颜的"滤镜"中，用歪曲事实的、自欺欺人、迎合自身喜好的滤镜看自我、看世界，没有观点，拥有的只是"自身缺点、盲点"

在回音壁中的自我强化。如果你不是"以古为镜",不在真实的历史中观照当下,而是"以古为墨镜""以古为哈哈镜",你也不会有什么深刻的认知。

批判性思维的驱动,也离不开一面镜子。哲学家理查德·保罗在《批判性思维》中说:"每个人都生活在与自己心灵的特殊而亲密的关系当中,我们需要将这种无意识的关系转变成有意识的和深思熟虑的关系。""特殊而亲密的关系"其实就是"自恋"或者"自嗨""自闭""自欺",人天生就是一种自欺的结构,打破这种自欺自恋,需要的就是洞见真实的镜子。当你在心中建立起一个能够观察自己思维的"大屏幕"时,摆脱那些未经训练所致的陷阱和直觉思维,了解自身的心智结构,经由这个过程才能生成深刻的观点。不照镜子的"自恋、自欺、自闭",会自动地将我们未经深思的判断合理化,蒙蔽你的思想,让你以为"这是唯一合理的结论"。如果没有一面镜子,你根本没有完成思考,只不过是重新整理了一下你的偏见、谬误和陈词滥调。

我们经常用"思辨""辩证"这样的词,思辨的前提是什么?是首先得有一面镜子,有了镜子提供的一个对话对象,有了对话对象,你才能辨起来。思辨与辩证都预设着"起码要有两个不同的视角"这个前提。一个没有思辨能力的人,就是一个"只追求标准答案"的人,只有一个标准答案,怎么可能思辨呢?

正如我们的人格是在"我看人看我"的镜像中形成的那样,

我们对一件事情的看法，也是在与镜子的互动中形成的。我每次面对某个新闻话题构思某个观点时，总会在心中这样想：别人会怎么想？大众会怎么想？反对者会怎么想？评论区会有哪些观点？多数人会持什么观点？少数派的观点就是错误的吗？问题有没有另外一面？我这样的观点会受到什么样的挑战？其他国家是怎么面对这个问题的？你看，这就是一个寻找镜子、从各种角度去映照反观的过程，观点的深刻度，仰仗于镜面的不同。

举个写作的案例，看看观点是如何在"镜面反射"中生成的。比如近来有这样一则新闻报道，提出这个问题：为什么药品说明书都"字小如蚁"，那么重要的信息，字却那么小，老人得用放大镜看。报道中追问的是，为什么药品说明书的字号不考虑老人阅读困难的问题，而这会增加患者用药的风险。面对这个话题，我们应该如何构思观点？如果只是沿着新闻的立场说几句"要站在老人立场"，这不是你的观点，只是新闻报道中已经预设的观点，你没有经过思考，只是迎合某种"要有弱者视角"的舆论正确，说了几句"别人认为是正确的话"。你没有镜子，只是拿着新闻的手电筒在舆论场上扫射了几下。

第一面应该有的镜子：为什么药品说明书上的字都那么小？不要轻易站在某种道德高地去俯视别人，不要忽略他者的合理性，而是需要进入药品生产的逻辑去理解这个问题。其后肯定是有某种合理原因的，不然不至于全世界的药品说明书都这样。我们从这面镜子中可以看到，药品说明书上的专业信息预设的

一　阅读与积累　　047

阅读对象其实不是吃药的患者，而是专业的医护人员。随着监管要求的提升，监管部门要求药品生产者必须在说明书上把关于药品的安全性、有效性的信息都放进去，这导致药品说明书的内容越来越多且越来越细，于是只能以不断缩小字号来解决这一问题。

你看，如果看到了"生产者的视角镜像"，就会多了一种新的认知视角：很多事情都不是你想象的那样，你认为"应该的阅读对象"不是他认为的"该有的阅读对象"，你认为的合理性，可能不等同于他逻辑上的合理性。日常生活中其实有很多这样的"对象错位"，比如学广告的人都知道，奢侈品广告并不是给有钱人看的，而是打给买不起的人看的，这样买得起的人在用的时候，买不起的人才能认识这些品牌。

第二面应该有的镜子：理解了生产者的逻辑，这时再进入老人视角，以老人视角为镜来看一看这个问题。生产者不能只考虑专业人士和监管者的要求，患者也应该有药品信息的知情权，毕竟，患者是直接吃药的人，他们是药品的最大利益相关者，必须有知情权。那么小的字，没有考虑患者，尤其是老年患者的需求。在这样的镜子下，我们可以看到生活中很多类似问题，对用户视角的忽略，尤其是对少数、弱势用户的忽略。穿两只鞋的，有没有想到那些只需要买一只鞋的人？点外卖没有任何障碍的人，有没有想到那些视障人士，他们对外卖更依赖，但是既有的外卖系统都是为没有视觉障碍的人设计的，谁来考虑他们的需求？当数字城市成为流行语，那些数字之外的人的需求又该如何兼顾？

鲁迅说："人类的悲欢并不相通，我只觉得他们吵闹。"镜子只有从不同的角度映射反照，才能让他者的视角浮现在面前。例如，针对上面的例子，我们还应该有一面镜子，反向思考问题：对老人这样的弱势群体考虑得比较少，那么，消费者是上帝，用户至上，这些口号是喊给谁听的？与产品中"老人视角""适老化"匮乏相对应的是，某些人的"老板视角""适领导化"。这也是一面镜子，只有"过度忽略"与"过度敏感"形成深度的对话，才能呈现出深刻的社会镜像。

相同的，不同的，同中之异，异中之同，有了这些镜子，就有了不同观点，这些观点都超越了新闻报道本身预设的"不能忽略老人"。石油行业有一句很经典的话："我们曾经无数次地在新地方用老方法发现了石油，也曾在老地方用新方法发现了石油，但是，我们从来没有在老地方用老方法发现过石油。"构思观点就像"挖掘石油"，老地方用老方法是挖不到石油的，以镜子为认知媒介，有一面镜子来延伸思想的肢体，才会有新的认知视角，在老地方（老话题）用新方法发现深井下的"观点石油"！

思维混乱的人有个共性,他们很少写作

你身边一定有很多这种思维混乱的人,你问他怎么看待"大学校园封闭"这个话题,你有什么观点。他明明有自己的想法,反对校园开放,有一肚子的话想说,却很难把自己的观点清晰地表达出来,脑子里一团乱麻:1.想说的也不完全是那个意思,可能是没表达清楚吧,表示自己并不反对正常开放;2.想表达太多的内容,纠缠于"既要、也要、又要、还要、都要",被面面俱到所困,没有可以一言以蔽之的观点;3.思维缺乏秩序感,话与话之间没有逻辑关联和结构层次,前言不搭后语;4.思维过于跳跃,说 A 扯到 B 却落到 C,无法与受众形成对话;5.实在说不清楚,只能以"你懂的"含混过去,狼狈收尾。

思维混乱的人是很吃亏的,不能清晰地、有效率地表达自己的观点,或者被人表达,或者被人打断,或者被人忽略,或者在写作时无法形成有条理的、让人眼前一亮的输出。人们通常说的"个性",很多时候是通过清晰直接的个人观点呈现出来的,让自己被清楚地看见。没有清晰的观点,在人群中就没有可视化的识别性。就像高考作文写作,如果写作中的个性被混

乱的思维所耽误，自然无法在一堆文章中脱颖而出。思维的关键，就是对复杂事物的清晰表达。

思维混乱的根源是什么？是没有想清楚，没有在"想法"上形成一种清晰的秩序。思考，本身就是以"谋求秩序"为驱动的。那什么叫"秩序"呢？就是确定性和同一性，即要有一个确定的、能将万物聚焦于此的中心。找到这个中心，才能打破混乱，形成秩序感。比如，谈"反对大学校园封闭"这个话题，思维清晰的标志是，找到"视外人为洪水猛兽，大学封闭带来的恶果"这个中心，论点、论据和论证都围绕这个中心，形成向心的收敛，就是一种秩序。写作者脑子里盘旋着很多想法，必须在整理中"使之有序"，找到一句"能够一言以蔽之"的飞跃性概括，才算对这个问题"想清楚了"。思维就是"同一"，没有"同一"去聚焦从而形成秩序，就不可能有清晰的思想。

我在课堂上经常跟同学们讨论"怀特海命题"——是先有表达，还是先有理解？我们在思考问题时，是理解了才能把它表达出来，还是表达出来才说明真正理解了？很多人都觉得是"理解优先"，心中理解了，然后再诉诸表达，把脑子里想清楚的问题诉诸语言文字。真正的思维方式不是这样的"纸上谈兵"，因为理解是不能脱离表达的。怀特海认为，在任何理解之前，先有表达。我们在思维时用什么去理解？用的是语言文字，我们在理解的时候，都是先尝试跟别人对话，让别人听懂。在"尝试对别人表达"的过程中，如果能说清楚了，那就说明真的理解了。

没有一个人能够完全脱离语言进行思维，正是表达让思维变得清晰，思维本就内居于语言中。所以，要想让理解变得清晰，思考找到秩序，没有比尝试把它表达出来更好的途径了，即去说去写，让白纸黑字这种有形的线性形式将无形的思维规整为结构秩序。

我经常用"气体""液体"和"固体"来比喻思考和写作。当我们脑子里的灵光闪现时，觉得有点儿意思，有种模糊的直觉，那只是"气体式想法"，它飘忽不定，不会留下痕迹，也不会形成积累。当我们尝试把那种模糊的想法说出来，这时就需要一定的秩序与结构了，但说出来的还只是"液体式想法"，它有一定的形状，是流动变化的，容易被风干、稀释或流失。此时，只有将想法写下来，才会让思考成为"固体"，这个将想法写出来的心理过程，是接受很多人凝视的过程——能经得起各种角度的琢磨推敲，能经得起共时、历时、错时，经得起被翻来覆去地看。

写出来的内容是糊弄不了人的，文字的凝固就像给思维穿上了紧身衣——想法的混乱、命题的偷换、思考的肤浅、逻辑的错乱、旁逸斜出、内容臃肿，这些问题全部会暴露出来。这种在写作中暴露的反身思考，逼着我们必须清晰有序地进行文字表达。

社会学家米尔斯把写作当成一种"向他者的展示"，他说："如果你写东西只想着汉斯·赖兴巴赫所称的'发现的语境'（context of discovery），能理解你的人就会寥寥无几；不仅如此，你的陈述往往还会非常主观。要想让你想的不管什么东西更加客观，你就必须在'展示的语境'（context of presentation）里工作。首先，你把自己的想法'展示'给自己，这往往被叫作'想清楚'。然后，当你觉得自己已经理顺了，就把它'展示'给别人，往往会发现，你并没有搞清楚。这时，你就处在'展示的语境'中。"写作的过程，就是一个在"向他者的展示"中"使之有序"的过程。

想法是靠不住的，我们需要经常将自己的理解呈现在"展示的语境"。只有多写，才能训练出一种敏锐高效的思维方式，迅速地将某个复杂问题理出清晰的思路。快速地写出来，以及快速地抓住受众注意力的能力，我将其总结为"快思、快写、快传的强输出能力"。

"所操益熟，所得益化"，写作是打通人的表达器官的关键按钮，流畅的写作与流畅的思维、流畅的表达形成了高度的调适，是脑、手、嘴的协调。口头表达好的人，少有文笔和写作不行的，因为他们的"口力"往往是以文字的形式进行思考的，嘴上流畅的表达，背后有文字化、流畅化的腹稿所支撑，即想到，语到，嘴到。

"勤奋地写"能与"活跃地思维"构成一种互相成就的关系，写多了，能积累一套丰富的"语料词汇系统"，那些语料不只是单独的语言，还代表着一种对现象进行概括的表意空间。思维生成语词，语词也刺激思维，很多时候，我们对某个问题产生想法，并非突发奇想，而是因为自己的"话语系统"中拥有这样的表意空间。陈词滥调，匹配的是则僵化的思维。比如，我在写作时，会经常使用"我看人看我"这个词，描述符号互动、镜像社会的双向关系，这个词扩展了我对很多社会问题的表意空间，提醒我用"互动关系"的视角来看待事物——我会想到，市场是一种"我利他利我"的关系，哲学是一种"我问他问我"的学问。写作能不断丰富我们的词汇思想，反向促进、活络、疏通我们的想法。

以记忆之网和写作锁住知识，避免读了白读

新闻史学家方汉奇先生有做读书卡片的习惯，这些读书卡片有什么用呢？有一次方先生在接受媒体采访时谈到这些卡片的作用，即帮他的记忆形成了一张锁住知识的立体的网。

这个"解密"让人恍然大悟，难怪方先生讲课引经据典时那么潇洒，对浩如烟海的史实能信手拈来，也难怪他的记忆力那么好，过目不忘，原来是这样一张能吸附材料和知识的记忆之网，"网"住了他读过的书和看过的材料。我们常有这样的困惑，读过什么书，学习过某种新知识，当时很兴奋，但不久就不知道"扔"到什么角落去了。日常翻一翻那些读过的书，常常感觉陌生和沮丧，这些书我真的读过吗？明明读过啊，上面还画线了，可怎么都忘了。问题不是记忆力不好，而是缺乏一个好的读书方式，没有形成一个立体的、可网住新知识的记忆之网。

在我看来，记忆之网不仅是有形的读书卡片，也是一种边读边想的、清晰的问题意识。以某个相对稳定的问题关怀为圆心，像滚雪球一样来展开阅读，将所有跟这个问题相关的阅读都吸附到这个雪球上，就像那张网"网"住新信息、新材料、

新知识一样，便不会发生"水土流失"的情况。我的读书方法是，在某段时间内一般都会带着某个问题去读，读什么书时都会想着这个问题，即读书与现实形成"互文"。这种"问题意识"也是一个网，让那些看似不相关的知识都网到了以这个问题为圆心的记忆之网上。

如果日常没有在读书时形成网状勾连，知识就会流失。"网式读书法"是一种锁住知识和思想的好方法。我们的应试教育体系流行"点式记忆"，也就是以"知识点"为中心的记忆，点与点之间没有联系，很容易就忘了。"线式记忆"是靠构造某种单向的因果线性关系去记忆，但知识往往不是线性关联的，而是非线性的耦合相关，线式记忆很容易就"断"了。"网式记忆"则较好，通过构建自己能锁住新知识的记忆之网，形成知识、材料和理论的深度有机勾连。

有了问题意识和网状勾连还不够，要让别人的思想真正固化为自己能够信手拈来的个人知识，进入默会的心智结构，还有关键一跃，即动笔去写，通过写作中的应用，把记忆和记录中储存的"死知识"，变成与日常、当下舆论场中的现象、问题、热点关联思考的"活思想"。读书与写作互相激发、成就和巩固，边读边想产生思想火花，为写作提供思想资源，激活对现象的深入观察，写作在应用客观知识中创建了个人知识，这是一个让勤劳的读书写作者变得越来越厚重的良性循环过程。读书，不是记忆的过程，而是通过写作去记忆的过程。写作，不是一个"掏空"自己知识储备的过程，而是激活记忆之网的过程，推陈出新，知识因此活络为一个人的思想，就不可能忘记了。

　　语言学家认为，道理是在语言中获得其确定形式的。同样，记忆也是如此，模糊形态的记忆是在写作实践中获得其确定形式的。我还记得2002年刚开始写新闻评论的时候，首先是因为我在大学期间读了不少书，知识积淀让我有了表达冲动，那些思想火花点燃了我对社会问题的思考。当时我读了语言哲学家维特根斯坦的一些书，知道了他的一些观点，比如他认为以往的哲学都误解了语言的本性，提出的是一些根本就不存在的问题，思想混乱不堪，哲学的目的则是让人聪明，理清头绪后看到混乱后的本质。他的相关论述中有一段妙语，我当时就记下来了，他说："一个人陷入哲学混乱，就像一个在房间里想要出去又不知道怎么办的人，他试着从窗户出去，但窗户太高；他试着从烟囱出去，但烟囱太窄；其实只要他一转身，就会看见房门其实一直是开着的。"

　　我将上述内容记下来，"养"在我的读书笔记中，因为如果不用这些内容，即使当时再兴奋、记得再牢，也会忘记的。很快我便"等"到了用它们的机会，几天后有一则新闻说，某地酝酿一项针对车辆管理的制度，即"尾号无4"，避开4这个很多人忌讳的数字。此举引发争议，有人说这是在迎合不健康的数字迷信心理。我在题为《"尾号无4"的帕累托改进意义》的评论中借鉴了维特根斯坦的上述观点，批评了刻舟求剑式的僵化思维。因为在评论中灵活地运用阅读中积累的思想资源，我刚出道时写的这篇评论，后来得到了很多评论名家的赞赏，大大增强了我作为评论新人的信心。这个写作应用的过程，就是让相关知识和思想固化到知识结构中、不再发生"流失"的过程。

后来，我对"专业权威的争夺"这个话题感兴趣，读了社会学家吉尔因的边界理论和芭比·翟里泽的阐释社群理论，将其应用到对当下新媒体与传统媒体在专业权威问题上的边界冲突分析中，写了几篇评论和论文，他们的相关思想就进入我的记忆之网了。写作，是一个调动自己各种思想感官的坚硬劳动过程，光读光想，调动起来的感官很有限，所以容易流失，只有写作才是对"身体思想资源"的全面调动。当然，这个应用的过程不能是"两张皮"，要有贴合的思考，即读书、思考与写作进行自然嵌合，而不是卖弄学问的掉书袋。

如果说思想和知识是一种财产，那么，哲学家洛克的洞见是，财产权来源于劳动，劳动这种行为使物品本身附着了某种排除他人共有权的东西，物品的自然形态被改变，劳动产生了私人占有。实际上，写作便是一种在思想中"固化"某种资源的劳动过程。阅读，读的还是别人的东西，记下来，仍然是别人的东西，一段时间后，还会"还"给别人，也就是"忘了"。如果在写作中灵活应用阅读所得，与现实问题结合起来去思考，把书上的知识和别人的思想用自己的语言表达出来，注入自己的思考，才能使记忆完成关键一跃，驯化成为自己的思想。

进化论说"用进废退"，读书和记忆也是如此，真正记下来的，都是你在写作中使用了的内容与思考，否则都会还给书本和老师。

二 时代与观察

宽容偷外卖的贫困学生？难道不是对贫困的侮辱

曾有一则新闻报道："南京警方抓获了一名偷外卖盒饭的小偷，是南京某名校正在复习考研的大学生周某，他有据可查的偷外卖行为有10多次，目前周某已被刑拘。"这基本是可以确认的事实，至于"为了他读本科和研究生，其他三个兄弟姐妹都辍学"，虽是从民警嘴中说出来的，媒体也有报道，但需要追问的是，这到底是警方调查的结果？还是听当事人周某说的？上述报道还有很多其他疑点，比如，作为"某名校本科生"，他是否享受到了学校的助学安排，他平常的生活情况如何，偷外卖是生存所逼（是否属于饥寒交迫这种紧迫而必要的紧急状态）还是有其他问题，这个学生日常的学习情况、日常消费、道德品质如何？

如果这些事实都不清楚，仅靠一句语焉不详的"三个兄弟姐妹为他辍学"就开始进行自我感动的文学想象和道德抒情，想象出一个"社会性贫困逼得穷人偷外卖求生"的悲惨世界式的故事，认为"这是社会的耻辱""他有罪的话人人都有罪""他没饭吃我们都有罪"……这种不着调的文艺思维通常有碾压法治思维和常人三观的危险。

很多人觉得应该原谅这个偷外卖的大学生，给他一次机会，否则他被全家人寄予厚望的前途就毁了。虽然"宽容"是一个散发着圣母光环的词，但宽容并不带有天然的正义性，尤其是"代别人宽容""替别人原谅"时。宽容的正当性在于，它可以推而广之。也就是说，不仅是在你喜欢的事情上宽容，如果沿着同样逻辑用到你讨厌的、相反的、无感的却是同类情形下，你仍然接受和适用宽容，那么这种宽容才是正当的。

用这种宽容原则来审视"贫困大学生多次偷外卖"，看看推广到其他人身上是否适用。如果一个游手好闲的懒汉多次偷外卖，你会不会宽容他？如果一个有劳动能力的年轻人偷外卖，你会不会宽容他？如果一个小区的业主多次偷别人的外卖，你会不会宽容他？如果一个外卖员多次偷同行的外卖，你会不会宽容他？如果一个有心理问题的人多次偷外卖，你会不会宽容他？倘若换个主语，无限制地这样替换下去，你可能就觉得根本无法推广这样的宽容了。因为这种无边际的"宽容"一旦泛滥，就会出现法律层面的问题。

这种推而广之，可以让我们从逻辑映射中看到平等的重要，追求人格的平等、道德的平等、平等地受到尊重，就要接受法律面前人人平等。

贫困大学生比其他人更不容易吗？为什么一个贫穷的司机、农民工、大妈多次偷外卖，不会有人谈什么宽容，对"贫困大学生"就谈宽容呢？法律的例外，不是情感用事式的鼻子一酸，而是源于对"紧急状态"的原则考量，可平等地适用同类情况，比如说是紧急而必要的状态。我被这个故事打动了，就宽容心大发，如果那个阶层跟我毫无关系，就不谈宽容了，这种不能在同类情况中推广的宽容，是不正当的。

讨论这类问题需要两个共识前提，一是事实，二是法律。首先是事实：家庭经济状况、大学助学情况、日常消费，这些事实可以帮助我们判断他偷外卖是贫困所迫还是其他问题。其次是法律，偷了多少次外卖，价值多少，依法应受到什么惩罚，是不是够得上刑拘？何种情节可在法律允许的范围内酌情考量？如果脱离了这两个判断前提，很容易走向撕裂。家庭贫困并不能成为偷外卖的行为被原谅的理由，贫困也不能成为降低道德底线的借口。以贫困的理由滥用宽容，穷人会觉得这是一种对贫困的侮辱。因为这种貌似同情他者的宽容隐含着一种逻辑，即对穷困者应该降低道德标准，不能用同样的原则平等地看待他们的行为。

有人会觉得，一个大学生偷外卖依法被惩罚后，前途就没了，其家庭也失去了希望。如果后果真这么严重的话，这个后果也是其应该承担的。正因为其承载着家庭的厚望，更应该爱惜自己的前途，活成让家人为自己骄傲的模样。这种后果，应该成为做一件事之前的谨慎考虑，而不是做之后的反向道德绑架。还是那个原则，是不是可以推而广之，如果面对惩罚时每个人都能找出一个"有案底前途就没了"的理由，是不是其最初的行为都可以被原谅？是根据"惩罚对一个人命运的影响"这个功利主义原则来决定是否惩罚，还是根据罪刑法定的平等原则？虽然这个问题在道德层面有不同阐释，我们还是应该回到有共识基础的法律层面来讨论这个案子。

平等地对待每个人，这可能是更高层次的尊重，那种"看人下菜碟"而扭曲原则的所谓宽容，反而是一种不尊重、不平等。让我们收起泛滥的宽容心，回归理性，按照法律的要求自律与助人。

她没能走上考场，但所有人都给了她满分

高考是让很多人毕生难忘的记忆，中间充满奋斗与艰辛的时刻。的确很难，但这些18岁的孩子如果看到一个同龄女孩的难时，就觉得这些都没什么了。无论怎么难，大家都在苦读11年后走上了考场，但那个叫陈薇薇的患病的高三女孩却没能等到高考这一天，生命永远停在了18岁时的5月，停步于考场之外。我仿佛看到她在跟那些觉得很难的同龄人说："走上考场的你们多么幸福，你们的未来多么令人羡慕。"

谢谢你来过这个世界，很遗憾以这种方式认识你。我觉得不为这个女孩写点什么，便会内心不安。但愿这些文字，能让这个名字被更多人知道，让这种光芒多温暖和照亮几个人。

如果不是在高考当日，她的妈妈发文缅怀，这个女孩的名字已经不会再跟高考产生联系。18岁的湖南女孩陈薇薇是江华二中的一名高三学生。7月7日，她本应参加高考，却在5月14日因淋巴瘤不幸去世。在生命弥留之际，薇薇委托父母在自己去世后将自己的遗体捐献出去，因为她觉得淋巴瘤比较复杂，这样的身体或许有研究价值。高考这天，妈妈又想女儿了："苦读了11年却没能如愿参加高考……儿来一程，母念一生。"

这句"儿来一程，母念一生"，让很多人泪奔。逝者已逝，读到这个故事的人不久后也许会遗忘它，但当事人的母亲永远无法释怀，会带着这种痛终了。照片上的女孩美得醉人，笑靥如花，越美好便越让人感到痛心。她在弥留之际捐献遗体的决定，让人心疼。在她本来应该坐在考场的日子里，网民用这些留言在她的人生答卷上批下满分："有些人，永远18岁，原来真的有女孩子那么漂亮，她去做小天使去了，漂亮的天使在另一个世界闪着光芒。""下辈子不要做天使，做一个普普通通健健康康的姑娘。""在另一个世界要快乐要开心，更要保护父母亲人健康。"

感谢这位母亲在高考日对孩子的纪念，用这种方式为孩子"完成"了高考。其实，不用母亲操心，这个孩子早就为走不到高考的自己交上了"答卷"，她面对病痛时的坚忍，她委托父母把自己的遗体捐出去，期盼能在科研中有利他人，减少他人的病痛。很多人都看到了这份答卷并打上了满分："高考或许是人生中一场意义非凡的大考，但你已经交出了一份完美的人生答卷。孩子，你的高考已经满分了。"

"你的高考已经满分了"，这不只是对生者的安慰，对逝者的致敬，也不只是一种情感抒发，更是对高考价值在常态叙述基础上的升华，是对利他价值的致敬。我想起前段时间在社交媒体上广为流传的一段话："只用自身境遇锚定价值坐标的人，可能是没有什么真正价值的，因为价值观这件事的出发点从来不仅仅是关心自己的命运，而是关心众人的命运，并且相信它最终会与自己的命运相关。"价值观如此,对待高考的态度何尝不是如此。薇薇同学在弥留之际,想到"淋巴瘤比较复杂,这样的身体或许有研究价值",跳出自我无可挽回的命运思考,关心众人的命运。虽然她没能走上考场,但她用灿烂的笑容和一颗金子般的心,证明了自己没有辜负这11年所受到的教育,植根于对生命的态度,以及对他者命运的关怀和对意义的思考,她交上了一份满分的答卷。

人的一生,究竟应该怎么度过才更有价值?父母和书中教了我们很多道理,但当人的一生无法顺利度过,遇到这种走不到终点的大劫大难时,应该如何面对?父母和老师可能都没有讲过,面对这个超纲题,薇薇同学给出了自己的答案,怎能不给满分。

提到高考,这是一个能让人走到更广阔的空间、进入一个更大的世界、在改变个人命运的同时获得改变他人命运的契机。高考不仅是提升个人的机会,更是在提升个人价值中让自己有能力用专业所学去帮助他人,例如,接受更专业的教育后,成为一名用新闻推动社会进程的记者,一名治病救人的医生,一名改变乡村孩子命运的老师,一名用研究改变世界的科学家……尽管这种"影响他者命运"的大叙述常常被"改变个人命运"的小叙述所遮掩,薇薇同学没能走到高考,生命之花还没有绽放就已凋零,但她拼命跑在了很多人的前面,尽力让自己留下的身体能帮助他人。

我看到一个叫网名叫"KSH千千"的女孩子留言说:"我是

二 时代与观察 067

17岁的时候被确诊淋巴瘤的,现在我马上过20岁生日了,很庆幸我参加了高考,也读了一个学期的大学,虽然现在一直在化疗,也掉光了头发,但是我还是希望有一天能够继续我的校园生活。"愿这个孩子能早日康复。但愿那些觉得生命艰难的人们,那些刚走出考场的孩子们,珍惜自己的奋斗机会,从这些在凋零中奔跑、绽放和闪光的生命中,看到光芒,看到努力的价值。

一个社会对读书的信仰

有一则令人印象深刻的新闻报道，报道的是一个在案板下学习的女孩，其专注的神情和认真的姿态，深深地印在很多人的脑海里，时常给人们以力量和光芒，就像当年那双充满求知渴望的"大眼睛"所带给人的鼓舞。

女孩叫柯恩雅，当时只有7岁，是湖北五峰渔洋关镇一年级的学生，她的父母在集贸市场卖卤菜，她就一直在卤菜店的案板下上网课，已坚持一个多月。一向挑剔的网民，在这组照片前变得无比温柔，有的说，孩子，你努力的样子真美。有的说，她眼里的光感染了我，案板上是生活，案板下是希望。这组照片引发关注后，女孩的妈妈在社交媒体发文称，"没有给孩子创造好的学习环境"，"感觉对不住她"。网民纷纷留言鼓励她说，"不要觉得愧疚，物质生活并不是全部，小姑娘灿烂的笑容说明你们就是最好的父母"。

确实，小姑娘笑得非常灿烂，外人可能觉得案板下学习的环境太差了，可从她的脸上根本读不出半点儿苦难感，而满是跟母亲在一起的幸福感。那种阳光和欢乐，甚至让那些觉得这是"苦难"的人感到羞愧。这个孩子真像一棵茁壮成长的坚韧幼苗，给点儿阳光就能灿烂，案板下的狭窄空间根本挡不住那种光芒。

看最新消息报道说，女孩上课已经有宽带了，相关单位被那张照片中女孩的求学姿态所感动，免费为她开通了一条新宽带。这个社会总是对那些努力奋斗、用心生活的人特别温柔，总有一种把他们揽在身后保护他们、让他们过得更好的冲动。当人们在为这个女孩鼓掌，用热情的转发和点赞鼓励她时，何尝不也是在鼓励自己，点赞那个曾经一起奋斗的自己？案板太低，空间太窄，小恩雅在案板下上课时经常被碰疼头，我们可能没有在闹市的案板底下读过书，但有几个人的生活没有遭遇过"案板下"的艰难：碰到了天花板，遭遇到某个艰难时刻，心情低落……

女孩并没有觉得"案板下读书"是什么恶劣的学习环境，不会觉得这是苦难，但经历过生活艰难的人们对案板下的狭窄逼仄有体验之痛，所以会产生共情。对这个孩子的温柔，也是对曾经或正在"奋斗的自己"的一种温柔。

除了对奋斗的尊重，最让我感动的是，从案板下的女孩、她的家人，还有整个社会的热心关注中，看到了我们的社会对"读书改变命运"这个信念深入骨髓的信仰。因为这种信仰，照片上那个女孩专注学习的神情才那么打动人心。

新闻报道讲述了一些细节，因为夫妻两人都在摊位上工作，孩子年纪小，一个人在家让人不放心，孩子上网课又需要家长的监督和辅导，所以他们带着孩子一起到市场，卖菜时还可以随时辅导孩子学习。无论如何也不能误了孩子的学习，这就是中国父母对读书的信仰。

像恩雅这个年龄的孩子，未必懂这些，未必像她的父母那样知道读书和学习的意义，但家庭和学校教育的熏陶，日常的强调和引导，这种关于读书的信仰一定已经在她心中埋下了种子。因着这种朦胧的信仰，她才在案板下那么懂事和专注，充满对求知的渴望。

人们被这个情景打动，不正因为这个普通的家庭对读书的信仰中也有着自己的影子？这是一种浸入每个人骨髓的信仰，这个社会主流人群中的绝大多数人，都是从读书一路走上来的，深信读书能改变命运。生活再困苦，日子再难熬，处境再艰难，只要有书读，教育这个门平等地打开着，那道光就能照亮每个人的未来。案板下那个读书的身影和她对读书的坚定信仰，让有同样信仰的人们产生了强烈的共鸣。媒体上每天会有无数个暖新闻瞬间让人热泪盈眶，好人有好报，恶行受惩罚，努力的样子被记录，可能没有什么比"读书改变命运"的故事更能温润人心，给人以一种更深沉的前行力量。

于是，我想起一句美好的诗："用一束光照亮另一束光，用一束光温暖另一束光。"对这个女孩的全民关注，便是一个信仰燃起另一个信仰，一个信仰照亮另一个信仰。

北大考古女孩给了很多人一记棒喝

大家一定记得几年前那则备受关注的新闻报道：湖南女孩钟芳蓉以文科 676 分的成绩报考北京大学考古学专业，有人不解，有人盛赞，有人不屑，几乎震动了大半个考古界，女孩崇拜的考古界权威樊锦诗教授专门写信鼓励她"静心读书"，希望社会不要再打扰她。今天再来看这则报道，会发现很多人折腾一辈子才能明白，甚至始终都明白不了的道理，跳不出的固化囚笼，而钟同学如此早就明白和跳出来了，让人羡慕。报考自己喜欢的专业，而不是别人眼中赚钱、好就业的专业，这个让很多人"意外"的选择，恰恰在回归常识中碾压了那些被庸常成功经验所局限的人，给了这些人一记思想棒喝。

正是人们习以为常的庸常成功经验对想象力的局限，使人们对成功的想象是那么的单一。谢谢小钟同学，她用自己不一样的选择，让我们看到了一个有主见的灵魂追逐自己热爱之事业的自由模样。当然，人在每个阶段的想法不一样，也许历尽千帆之后她又发现了新的热爱，但她起码在这个重要阶段敢于去自主地做出判断，敢于在价值排序中把兴趣和热爱放在比世俗所认为的赚钱、就业、身份地位更高的位置。特别是在高考选择专业这个重要的人生关口，特别是她还背负着他者眼中的种种标签，这种选择便显得更加了不起。

什么专业赚钱，什么专业好就业，什么专业更有前途，这种以专业为中心的衡量标准，本身就是一种主体错置的误区。决定一个人前途的，永远是作为主体的人的努力，而不是某种专业身份，人始终处于决定性的中心和主体位置。没有什么专业带着必然赚钱的基因，也没有哪个专业可以保证你必然找到好工作。所谓热门和赚钱，只是一种世俗的成功学在一个短时段的数据统计中制造的幻象，忽略了个体的努力及个体的巨大差异。人不是专业的工具，人是自己的努力所定义的，而不是"专业"所定义的。计算机和金融专业里，也有因为沉迷于游戏而退学的人，难道专业应该背这个锅吗？

我一向认为，在大学里，以兴趣为导向的人的饱满和完整发展，比专业更重要。卢梭在《爱弥尔》中说："在使爱弥尔成为一名军人、教士或行政官员之前，他先要使他成为一个人。"约翰·斯图亚特·密尔也说过："人首先是人，然后才是商人、企业主或专家。因此，通过教育使他们成为有能力、有理智的人，他们以后在社会中所担当的角色会满足他们自己。倘若你把他们培养成有能力的、明智的人，他们就会成为有能力的、明智的律师或医生。"

所以，每当有学生让我推荐专业或者阅读书目时，我都会跟他们说，特别是文科，本科阶段最好选一个不需要对应着一个明确工作岗位的专业，读一些不是以找工作、考试、赚钱为目的的书，掌握无功利的、跨专业、整体的知识，在文史哲通识熏陶中成为一个知识金字塔基宽厚的人，在兴趣和好奇心的驱动下打开一个开阔的世界，而不是一开始就把自己关在一个狭窄的专业牢笼里。当你有了这种宽厚的积淀，成为一个饱满而明智的人，再加上一定的职业训练，就会成为饱满而明智的法律人、新闻人、学术人。

知识和专业在思想层面其实都是相通的，前段时间我在读严耕望先生的《治史三书》，发现史学研究跟新闻专业追求在很多方面都是共通的。比如，注意与自己意见相反的证据，对历史真相要尽量少下否定的断语。扎实的新闻调查和真相求索，也需要这种专业主义的精神。我国近现代著名史学家陈垣教授说："尽可能引用原始或接近原始史料，因为史料每经一次改编，其信息真实性就可能多一次流失或改塑。"新闻对信源的要求也是一样的，要一手信源，不要二手三手信息。真正高明的史家，应该看人人所能看得到的书，说人人所未说过的话。对评论家的要求，何尝不是如此？钟同学选的考古学专业，与这些知识也都相通，有了厚重的知识积累，她既可以成为一个优秀的考古人，也可以成为一个优秀的新闻人。

今天热门的专业，四年后可能就是冷门了，今天在统计数字上赚钱的专业，四年后可能就不一定赚钱了。专业的"冷热"不断在变，而对人才的判断标准不会变。因此，热爱一个专业，就果断去选择吧，没什么比这个更重要了。热爱是成就一个人最好的内驱力，在热爱中打开一个知识世界，在热爱中让自己思想明智、人格健全。工作机会、体面的生活、财务保障，固然是一个人努力的结果。如果牺牲自己的热爱，寄望于他者导向的专业的"热门"和"赚钱"来为自己的未来保底，其实是舍本逐末。如果大学生在大学四年都盯着一份工作，在找工作的焦虑中学习，最终可能只能成为一个永远处于知识更迭焦虑中、可被替代的"人手"（而非一个行业的"人才"和"人物"）。只有带着热爱去追求，初心有处安放，才可以走得更远。

珍惜自己的热爱，让它在自己生命中有安放之处，至于工作、财务、生计，都是努力后的自然结果。

感谢那些为读书亮灯的人

你一定对这则新闻报道有印象,那便是"北大保安成群逆袭"的故事。张俊成曾是北京大学的一名保安,因为好学被媒体称为"北大保安读书第一人"。1995年,他上演了"扫地僧"式传奇,通过成人高考考上北京大学法律系(专科),如今他是一所中等职校的校长。据报道,过去20年,仅北大保安队先后就有500余名保安考学深造,有的还考上了研究生,毕业后当上了大学老师。

这样的佳话在这个时代太珍贵了,这让那些沉浸于失败情绪中的人有了信心。有人说,他们用不屈的姿态消解了我们的"丧",他们不屈服命运安排的奋斗姿态尤其可贵。他们的命运改变,让人们看到了奋斗的意义。如果一个人真的愿意去努力,也有大器晚成的可能。

我在北大上课的时候,我的课堂上就出现过好几次北大保安的身影,他们往往下了班就直接奔向教室,衣服都来不及换。作为旁听生,他们比其他学生更认真也更专注,更珍惜听课的机会,似乎想努力记下老师讲的每一句有价值的话。北大学生也很尊重课堂上的这些特殊的旁听生,有时还和他们一起讨论社会问题。我们看他们的故事，在被他们的奋斗精神触动的同时，更看到了环境的重要，他们有幸身处一个充满向上气息和正能量的环境，他们总能遇到一些为他们读书点灯的人，让他们成为追求知识的奋斗者。

北大保安逆袭的故事中，那些为他们读书点灯的人让我们充满敬意。

张俊成曾讲起触动他内心的一次经历：有一次他在学校西门站岗，远远看见一个老人骑车而来，临到门岗前，老人下车，推车而行。老人经过门岗时，点头向他说："你辛苦了。"这让他受宠若惊，他问师父，"对方是谁？为什么这么尊重我们？"师父告诉他，这位老人是当时的北大校长。张俊成还讲起北大西语系的一位张教授喜欢拉着他遛弯，在沿着未名湖一圈一圈散步的过程中给他讲马克思主义哲学、讲黑格尔，并推荐一些书单给他。他还讲到，在教授们的建议下他开始读书学习，当时保安队规定宿舍10点熄灯，熄灯后他只能在被窝里拿着手电筒看书。队长知道后特批会议室可延长熄灯时间，他和几个爱看书的保安从此便可以光明正大地学习。

从那个推车经过时问候他"你辛苦了"的北大校长，到那些给他推荐书单的教授，再到为他延长熄灯时间的队长，他们都是为他读书而点灯的人。他们点燃的不仅是他眼前的灯，更是用知识和奋斗改变命运的信心和希望。我想起了之前看到的一则新闻，新闻中也有一盏充满暖意的灯。温州的一个小女孩站在夜色中，借着工厂车间透出的灯光，捧着一本书看得入迷。

这一幕被邻居拍下并传到网络上，引来很多点赞。小姑娘说，她的爸爸妈妈还没下班回家，她没有家里的钥匙，就在家门口看书等他们回来。邻居老伯于是找来工厂师傅，请求他们把厂里的灯全部打开，让小女孩能"借到"更多的光。

我不知道夜色中这些柔和的灯光对小女孩有多大的触动，但可以肯定，以后的她会更爱读书，因为她能从那些为她打开的灯光中看到人们对读书的尊重，对"求知"的敬意，这正像北大保安从队长"延长熄灯时间"的关怀中感受到的暖意一样。如果人们不是为小女孩打开灯，而是说一句"别把眼睛看坏了，读那么多书有什么用啊"，孩子心中就会灭了一盏灯。如果北大保安在校园中没有感受到知识的力量，没有受到文化的熏陶，努力学习却被嘲讽"一个保安不务正业却学什么英语"，他心中的那盏灯也永远不会被点亮。

我还想到了前段时间走红的非虚构写作者范雨素，她之所以坚持写作，与北大新闻传播学院一位老师的引导和鼓励密切相关，也是源于她心中的灯被点亮。保安很多，育儿嫂很多，渴求用知识改变命运的人很多，但愿为他们的读书点亮一盏灯的人也多起来。

尊重她不想成为"励志偶像"的小希望

我看到假肢女孩谢仁慈的故事,很喜欢她的阳光。一场车祸让她失去了一条腿,从此不得不依赖假肢。她很坚强,没有为假肢自卑,而是穿着短裙露出假肢走在街上,被同学们爱称为"西政的太阳"。通过网上流传的一个故事,我们能感受到她的自信与阳光:一位副教授曾在健身房偶遇她,专门发了一条朋友圈:"今天在健身房看到一个小姑娘,她一条腿戴着假肢,不断尝试各种健身器械……我问她,你为什么推哑铃?这个20岁的小姑娘咧嘴笑,大声说,为了让自己变得更美更健康。"

很多人都把这位小姑娘当成了不屈服于命运、用阳光与命运抗争的励志偶像,从她身上汲取坚强向上的力量。可她说,她不想变成一个励志典型,只想讲自己的故事。"不想被当成励志典型",也许有人觉得这是她的谦虚,不希望被人仰视。我觉得她不是谦虚,而是害怕"励志典型"中的同情、绑架和另类目光。她努力保持着微笑,不介意穿着短裙时被人看到自己的假肢。她努力淡化那些"不同",是希望身边的人能用平等的眼光看她,能把她当成跟自己一样没什么不同的人。"励志典型"虽有一种令人肃然起敬的道德剪影,却可能强化让她感到不适的"不同"和"异样"。

"励志典型"的符号中确实包含着敬意和景仰，可敬意之后常常也潜伏着一种俯视化的同情，尤其是对弱势群体，那些我们自以为是的同情可能是一种伤害。一个记者朋友谈到过这种"典型塑造"中的俯视，她说："我们以前有记者去采访重症病人，哭得比重症病人还厉害，同情心上来了就控制不了。"等她入职时间长了，逐渐发现，记者在日常采访中应做职业化的采访，这种俯视化的同情、匍匐的同情，其实都是对别人的伤害。

当我们把一些人塑造成"励志典型"时，很多时候是自私和功利的，想从这个人身上获得一种正能量，获得这种精神、那种营养，汲取这种价值、那种意义，用她身上的某种精神鼓励自己。我们考虑到的只是自己的需要，能不能站在别人的角度考虑一下，别人是不是喜欢被当成这种励志典型？别人是不是反感这种"精神挖掘"？我们在别人的苦难面前哭得稀里哗啦，有没有考虑到别人的感受？

实际上，人们对"励志典型"的景仰之外，常常匍匐着一种隐秘的同情，而这种同情是让那些敏感者很不舒服的，尤其对一个很要强的人来说，这种俯视化的同情更是一种不小的伤害。看得出来，阳光的假肢女孩是一个很要强的人，因为要强，她不再用厚重的壳把自己包裹起来，她去尝试各种健身器械，她突破困难骑共享单车，她努力考上了大学，她不想忍受别人悄悄地打量，于是勇敢地去掉假肢的遮挡。她就是为了争取让别人觉得"她和大家是一样的"。

真正对她的尊重,不是把她当成"励志典型",不是仰视,不是俯视,而是平视。尊重她这个小小的希望吧,不要总自私地想从别人身上汲取力量,却忽略了别人的感受。

真爱她们，就别再为她们的不涨价而自私地感动

我曾看到一条新闻，感动之余，心里总有点儿不舒服。

新闻报道的是"不忘初心，三代传承"：广东陈添记，40年来坚持只做三样小吃，尤其是一份爽鱼皮堪称镇店之宝。为了不让父亲伤心，明伯的女儿放弃银行的高薪工作回来做了第三代传人。广州的房价一直在涨，陈添记却9年没涨价了，明伯说："不能叫街坊失望，要对得起他们。"

放弃银行的高薪工作回来做第三代传人，这份精神传承让人感动。但"广州的房价一直在涨，陈添记却9年没涨价"则让人不忍感动。明明其他商品都以看得见的方式在涨，原材料、房租、员工工资、生活成本，都在涨，这家店却9年不涨价。街坊和消费者的确是从"不涨价"中受益了，可这种受益是以另一方的利益受损为代价的。感动是一种高贵的情感，我们不能用让别人放弃自己的正当权利、牺牲自己应得的利益来感动自己，因为这种感动是非常自私的。

这种新闻让人感到很不舒服，用自私的感动将某种极不合理的"不涨价"架到一个下不来的道德高地、廉价的感动之中，心安理得地享受着那种反常情、反市场的"不涨价"。我看到

过"早餐奶奶的早餐20多年不涨价，鸡蛋饼5毛一个"，看到过"88岁老奶奶卖馄饨10年不涨价，网友：这价格太实诚，让人感慨万千"，看到过"一毛奶奶20年不涨价，老奶奶卖小吃1毛钱1串走红网络"。面对这样的新闻，我真不忍用"业界良心""正能量"这样的字眼去赞美他们——在我看来，只要价格合理，只要食品安全卫生，只要童叟无欺，就是业界良心，就是正能量，不合常规的低价不应该被鼓励。你如果有良心的话，会忍心吃下那5毛一个的鸡蛋饼？真忍心就付那个不合理的价钱？有良心的话，应该支持老奶奶合理正当地涨价，而不是用自私的感动心安理得地"消费"她们的良心。

其实，反常背后总有问题，这些"不涨价"店铺的新闻背后都有一些让人心酸的故事，有的是因为孤独没人陪，有的是家里经济拮据，有的是为了打发时间，给自己找点事做。那些自私的感动、"业界良心"的廉价赞美，常常遮蔽了新闻报道背后的真问题。

不要把市场问题道德化，涨不涨价，很多时候应该是一种理性的市场行为，而不该用泛道德化的思维去看待。成本涨了，该涨就涨，成本降了，该降就降，应该基于常识常理鼓励一种正常的思维，而不是将反常的行为道德化，在稀里糊涂的感动中忽略真问题。

什么是真正触动人心的正能量？下面这个关于涨价的故事，我觉得听起来更符合常情常理，也更有正能量的感染力。河北保定有个"良心油条哥"，因炸油条不用废油而受赞誉。成名后的他被邀请参加中国食品安全论坛并与部长们一起发表演讲，他在演讲中没有豪言壮语，没有谈"不用废油"能给别人带来多少利益，也没有谈"不涨价"，而是高调地谈到了"价格比别人高"，谈"不用废油"给自己带来的种种好处。他算了一笔账："刚开始不用废油的时候，担心成本增加会亏本，每天倒掉三四斤油，合计二十多元，每月损失六七百元，但我坚持诚信经营，明码标价，别人卖四块钱一斤，我卖五块钱一斤，没想到的是虽然成本增加了，价格上涨了，可来吃早餐的人却越来越多，盈利也比原来多了四分之一。"

成本上涨了就应该涨价，成本比别人高，品质比别人高，价格就该比别人高，这才是正常的。别总宣扬那种"不涨价好有良心""牺牲自己的利益好让人感动""好人却好让人心酸"的悲情故事了，好良心、好品质应该得到市场的回报，这才是市场经济应有的佳话。

你负责貌美如花，一定有人在承担"丑"的代价

北方多地飘雪，如诗如画美不胜收的雪景刷爆了我们的朋友圈，不过有媒体转发的一张照片让人们看到了另一种雪景：丑，却美着。某媒体的微博是这样写的："你愿为这张沾满污水的脸转吗？"照片拍的是一个下雪天的早上，山东济南，四名环卫工正用机器清理积雪。一名环卫工人的脸上沾满了机器喷出来的灰色水渍。他身上的橙色环卫工服，也完全看不出原来的样子。据了解，他们半夜两点多就到街头清理积雪，一直持续到上午八点，连口水都没喝。

当人们在下雪天欣赏银装素裹的美景时，很少有人会注意到身边和街头有这样一些人，他们身上的泥泞和脸上的水渍与雪的美似乎不相容。可这种"丑"感动了很多人，人们纷纷留言向这些看不到他们留言的平凡人致敬：有人说，有些事不是鼻子酸一酸就能解决的，希望大家不要乱扔垃圾，希望有关部门可以提高他们的薪资水平。有人说，希望有关部门能为他们配备基本的劳动保护用品。有人说，我愿意递给他一块手帕一杯热水。

这张照片也许能让人们想到，当你负责貌美如花时，一定

有人在承担"丑"的代价。

由此我想到另外一组照片,也关于"丑"。有媒体曾发了一组警队里的"丑照",网友说这种"丑"是他们的勋章,每道伤痕都是一枚勋章。当看到那些夜读鸡汤中诸如"哪有什么岁月静好,不过是有人替你负重前行"的句子时,人们会觉得很矫情,可看到这些让自己震惊的"丑照"时,就会理解"负重前行"的每一个字,都是无名英雄用奉献与牺牲写成的。

从人性的需求看,人们都趋向于追求安全、美丽、整洁、安静、优雅、闲暇和美好,但我们所追求的这些东西并不是天然存在的,而是需要付出代价,而一些职业就是为了保护我们所追求的美好在付出代价:当你欣赏美的时候,背后有人在承担着"丑"的代价;当你享受安全时,有人将自己置于危险之中;当你逃离火场时,有人逆向而行冲向火场;当你享受天伦之乐时,有人正在经历别离。

你可以冷冰冰地说,这是社会分工,不同的职业做不同的工作,承担着不同的风险。比如对环卫工人的那张"丑照",我就看到有人说:那是他们应该做的。还有人说,还有一些更累更危险的工作岗位怎么没人致敬?其实每个岗位上的人都一样,只不过分工不一样。

很多工作,确实是"社会分工"的结果,就是一份工作——但为什么你不愿去做那样的工作呢?罗曼·罗兰有句名言:"世界上只有一种英雄主义,就是看清生活的真相之后依然热爱生活。"我想说,那种比"热爱生活的英雄主义"更让人肃然起敬的是：虽然看到自己的职业面临着种种危险和重压，仍选择赴汤蹈火的英雄主义。对那些承担着比普通人更多危险、义务、担当的人和职业，人们不能失去应有的温情与敬意。没有谁天然就应该去做那些需要牺牲与奉献的事，没有谁有天然的义务在别人追求美丽和安全的时候却与危险、污浊、丑陋和阴暗打交道。职业并无高低贵贱，但总需要有人去做那些需要负重前行的工作，不能因为那是一个饭碗、他们拿了工资，就降低他们应受的尊重。

哈尔滨很火,但评论要抵制过度阐释的诱惑

哈尔滨火了,火得哈尔滨不知所措,火得哈尔滨人对自己生活的城市陌生了(需要学习外地人的"旅游攻略"),火得东北大汉不知道用什么口音跟蜂拥而来的"南方小金豆"聊天,火得其他城市的文旅局局长恨不得立刻复制"哈尔滨效应",就像此前对"淄博烧烤效应"的渴望那样。人们对规律有一种强烈的渴求,尤其是成功者之所以成功的规律,仿佛一旦掌握了规律,就拥有了复制流量的密码。因此,不少评论文章都在分析哈尔滨爆火的原因,剖析一个城市出圈背后的流量机制。

流量景观下,阐释哈尔滨火爆的原因,对于评论来说是一个巨大的诱惑——满足了人们对"规律"的热爱,体现了一种"透过现象看本质"的深度,好像能站在高处掌握驾驭流量的密码。我想说的是,评论员需要抗拒这种诱惑,避免掉进过度阐释"流量规律"的陷阱。热度和流量容易让人头脑发热,而评论是一种需要冷眼旁观的冷静文体,热度带着很多光环,流量带着诸多滤镜,这些光环和滤镜会干扰评论者作出冷静的判断。更重要的是,并不是每一件事都有某个能"一言以蔽之"的规律,并不是每一种火爆现象背后都有一个"决定性的原因",特

别是对于网络社会和网络传播现象，一个热点现象的发生机制远远超过传统的对"原因—结果"的认知，在流量中跟风热评阐释"原因"，很容易产生过度阐释。

阐释过程中过分的好奇导致对一些偶然巧合的重要性的过高估计，这些巧合完全可以从其他角度得到解释，从而引发过度阐释。这一波对"哈尔滨热度"的原因阐释中，比如对媒介的强调，对偶然事件的突出，很多都属于这种"过分的好奇"和"对一些偶然巧合重要性的过度估计"。

过度阐释的一个尴尬之处在于，按照某些评论文章自以为是的阐释路径，它只是一种"貌似合理化的解释"，根本无法"按照这种解释"进行复制、再造和还原。就像此前淄博的走红，那么多分析其火爆原因的评论文章，如果你按照那些文章解释的原因去复制一个淄博，那是根本不可能的。实际上，后来也根本没有出现第二个淄博。当下的哈尔滨，完全不是以淄博那样的方式火起来的。这符合"流量学第一定律"：一段时间内，流量只会倾注到一个人或一座城市身上，没有第二个。

没有规律，反规律，反解释，反阐释，可能恰恰正是流量时代本身的"规律"。这很像《黑天鹅》一书的作者塔勒布所说的"黑天鹅"事件，他分析了"黑天鹅"事件的三大特点：不可预测、影响巨大、事后可解释。无论是之前的淄博，还是当下的哈尔滨，都很像"黑天鹅"，它火了之后，你可以找无数的原因去"解释"，作出很多看起来无比正确的"阐释"，但你还是无法预测下一个哈尔滨会出现在哪里，无法按"解释路径"

去再造一个哈尔滨现象。规律具有某种抽象的普遍性，可推而广之，可举一反三，可预测未来，而"解释"只是一种事后诸葛亮式的、就事论事、锦上添花的正当化分析，让人"感觉听起来好像很合理"。

实际上，对于像"哈尔滨何以火爆"这样复杂的网络传播现象，还有很多黑洞，人们的认知还处于很浅的层面。如果用传统的理念和理论去分析，很容易发生过度阐释。前段时间我写过一篇评论回顾2023年的诸多网络现象，发现一个特点：就是根本找不到传统的舆论领袖。特种兵式旅游、军大衣、反向旅游、淄博烧烤、眉笔风波、反爹味、保卫董宇辉、Citywalk……这些网络现象均找不到一个作为中心的"意见领袖"，却有一种迅速扩展到生活各个领域的魔力。谁让"特种兵式旅游"迅速流行？用传统营销理论根本无法解释。谁制造了"淄博烧烤"暴火？根本找不到一个引领者。谁发起了对李佳琦眉笔的挑战，谁引领了保卫董宇辉的网络行动？其中都找不到某个舆论领袖，看得见的只是"大众"！

当一种生活方式、生活趋势脱离了意见领袖、营销精英的引领，而转向网络化的自生自发、自组织、自扩散时，必然呈现"黑天鹅"般的特质：不可预测、事后可解释、无中心、参与者众多。哈尔滨的火爆也带着黑天鹅的特点，是无数人非意图（想让某个地方火起来）的网络行动，促成的一种火爆。哈尔滨的聪明和努力在于，他们很快捕捉到了这种火爆，并用"受宠若惊"的谦恭、坦诚和热情接住了这把火，努力让这把火烧得更旺、更持久、更让人觉得这里配得上这把火。

已经没有哪个媒介、哪个平台、哪个明星名人、哪个意见领袖能"引领"哈尔滨现象这样的热度。什么是网络？我看人看我，他推我推他，它是无数人与人的行动促成的，网络的复杂性就包含在多节点、无中心、互动性、涌现性的网络行动之中。什么叫"涌现性"？"涌现性"是指某些属性或功能并不为某个单一的行动者自身拥有，却在互动的动态系统中出现，且出现的整体不是部分的简单加总。例如，哈尔滨的火，就有着强烈的"涌现"特征，不是哪一个大哥大手一挥，我们去哈尔滨玩雪去，也不是简单的"很多游客的简单相加"，且没有一个决定性的因素，而是互动的动态系统让一种热度突然涌现。面对复杂的网络互动，如果我们想总结出某种"决定性规律"，只会落入过度阐释。

哈尔滨很美，流量也很甜美，热度的生成却很复杂，因此，评论不能被热度冲昏头脑，不要跟着流量走，评论须抗拒过度阐释"流量规律"的诱惑。流量是流动的，它飘忽不定、居无定所，它喜新厌旧、喜怒无常，它只能被解释却无法被预测，"试图抓住它"是徒劳的。铁打的城市飘忽的流量，每个城市都有成为哈尔滨的潜质，每个城市都要做好成为网红的准备，每个城市都要有拿出手的东西，就像哈尔滨这样，不管流量来不来，我都是我，流量来了，我能迅速接得住、配得上、留得下！

ChatGPT 的强大智能是对人的反向测试

ChatGPT 突然就火了，火得不可思议，上线后很快就达到百万用户，它似乎啥都能聊，人们用各种问题去"刁难"它，让它写不同领域的"文案"，解决各式各样的"难题"，纷纷惊呼"这一次自己可能真的要被取代了"。其实这几年人工智能一直都很热，其应用已经深度融入我们的生活，而这一次 ChatGPT 火就火在，相比过去那些人工智能软件，它太"像"一个人了，"像"到了让很多人恐慌的地步。"我是谁？我从哪里来？我要到哪里去？"的灵魂之问，变成了"有了能取代我的它，我的存在价值是什么"？

对于人工智能，我之前看过清华大学钱颖一教授的一篇文章，他说："人工智能将使中国教育的优势荡然无存。"他的批评很尖锐，我读后深以为然。强智能的 ChatGPT，如今又为我们提供了一面镜子，如果我们把教育优势建立在死记硬背和超极限刷题上，如果我们到了大学和考研时仍把"背诵知识点"当成学习方法，如果我们把"善于记忆"当成"最强大脑"的话，那么，ChatGPT 足以让人恐惧。可以肯定的是，在以上这些方面，ChatGPT 会比任何一个所谓"考生"要做得更快和更好，你的记忆力再厉害，比得过数据存储吗？知识点记得再多，能有ChatGPT多吗？人工智能的结果，必然能制造出远远超越人的有机体极限的"超人智能"，这也是人类发展智能科技的目的，如果人工智能不如人，那么要它何用？

ChatGPT的强大智能是对人的一种反向测试，人的优势到底在哪里？作为生命有机体，面对越来越像人的"有机计算"，我们有什么不可替代的优势？脱离了死记硬背和刷题的那些知识点，我们还剩下什么？试试吧，那些考研试题，你能答得比ChatGPT更好吗？

我一直觉得，如果轻易就被ChatGPT这种机器取代，说明自己平常做的就是机器可以做的事，机械、简单、重复、无创造性、可以自动生成。ChatGPT再"像"人，也只是"像"而已，聊得挺像回事，本质上只是一个工具和机器，如同一只电子宠物。我看了很多人应用其生成的那些内容，无论是写的文案，还是回答的问题，或者是"即兴对话"，不过是高级"洗稿"罢了，即对互联网上既有的内容进行匹配、组合、嫁接和再生产。ChatGPT的学习能力非常强大，但再强，并没有摆脱人工智能"大数据、小任务"的大样本被动学习模式，也就是说，当你向ChatGPT输入一个问题（例如，让它写一份宣传某新产品的文案），这是一个"小任务"，它完成这个任务是凭借巨大的数据库来生成结果的，它并没有进行任何主动的思考，没有反思和判断，只是根据事先输入的程序规则，在数据库的飞速运转下完成这种"任务"。

这有什么好怕的？它会拒绝吗？不会。它会因为窗外突然飞舞的雪花而爆发灵感，从而写出某段让人兴奋的佳句吗？不会。它会将事情搁置一下去发呆，等待心情好的时候"心有所感而抒发于外"吗？也不会。它就是一个"互联网洗稿机器"，借助已有的关键词和数据去匹配，进行流水线工作，没有任何创造性。如果它创作的那些文案能让你觉得"真像那么回事"，说明多数文案写作，不过也"就这么回事"，是既有文案的高级洗稿而已。苹果公司 CEO 库克说："我不担心机器会像人一样思考，而更担忧人会像机器一样思考。"ChatGPT 写出的文案，不是机器的人化，反照出的恰恰是"人的机器化"！

　　我之前写过一篇文章，谈过智能、智识与智慧的区分。智能是什么？就是那种能迅速找到最佳答案的能力，很多所谓"小神童""最强大脑""优等考生""高智商"，无非都处在这个层次，而人工智能将这种"迅速得出答案"的能力发挥到了极致。智识是什么？它与智能是反向的，智能是"把问题变成答案"，而智识则是"把答案变成问题"——为什么呢？是这样吗？有没有另外一种可能？前提正确吗？深层次结构是什么？答案是不是错的？——一个人知识的增长、观念水位的提升、认知的飞跃，就是在"把答案变成问题"这个反身性、批判性过程中完成的。智能需要"迅速求解"，而智识则有能力"延迟判断"，在延迟中"对判断进行判断"，从而提高认知的水位。不满足于既有答案，在"问题化"中挑战它，智识才会增长。智慧是什么？它是智识达到一定高度后形成的、应对多变情境、由此及彼的答案通透力。

你看，ChatGPT 的能力就是"你输入问题，它给出答案"，它只能应询而无法反问，更没有能力对问题提出挑战；只能借助"大数据"完成"小任务"，不能像人那样有灵感进行创新，没有"随机性的自适力"之智识悟性，也无法在"小数据"触发灵感下完成"大任务"。即便再像人的机器，终归只是机器，只能按输入的指令完成任务，而缺乏人那样的"有机反身思考"：我是谁？我为什么要完成这样的任务？这样的问题是不是一个蠢问题？

一位学者曾说："同机器智能的构成部分相比，构成有机体的蛋白质确实缺乏力量和速度，但恰恰正是这些'劣势'，在一定意义上成就了审美发生的机缘，因为美的发生是有机生命体受动（suffering）的结果，是生命体对于外界环境的受动性调适在意识层面的曲折反映。"这种"受动性调适"是人的智识思考天然所带的痕迹，也是人相比于机器的优势，不能反被当为负担。看 ChatGPT 写的文案和那些答案，都特别"像那么回事"，但跟一个人真正用心创作的东西，还是差那么一点意思。那一点"意思"，比的不是力量和速度，不是数字运算，而是心灵对美的观照，是一个有着丰富对话触角的生命跟外在世界对话时所生发的好奇、想象和悟性。

ChatGPT 的强大智能对人是一种反向测试，如果你缺乏对智识和智慧的追求，心智停留于智能崇拜，那么在心理上只会被那种比自己强大无数倍的智能所支配和碾压。真正应该"恐慌"的，不应该是 ChatGPT 的人工智能，而是支撑这种科技能力的人类创新，我们的智识能做出什么样的人工智能？

越少写作的人，越容易崇拜 DeepSeek

围观了这么久舆论对 DeepSeek 的顶礼膜拜，我也试着"体验"了 DeepSeek 的文本生成能力，总体感受是：确实比之前的诸多人工智能软件强大了很多，也更有深度，文字更加精致，智能度大幅提升。问题喂得越精准，它生成的思考也会更深入，拟人化能力极高，有时甚至会让人产生"人机不分""以假乱真"的错乱感。但它的缺陷也是很明显的，所谓"深度"，绝没有舆论捧的那种高度，它的人工智能的机器味还是很重的，多是叠词架句的修辞和"利用人的无知"所营造出的"深度伪"。

相比舆论对 DeepSeek "惊为天人"式的评价，我身边平常写作比较多的朋友，很少有人对它的文字有什么特别的感受，也没有谁发出"害怕被 AI 取代"的感慨，至多只是将其当作一个有意思的工具。不知道我的这个感觉对不对：平常很少写作的人，特别容易被 DeepSeek "唬"住，越少写作的人，越容易崇拜 DeepSeek。

媒体报道过当下很多人的"文字失语症"和"词穷症"，由于过度沉迷于短视频和社交媒体，人们习惯了表情包、yyds、yysy、梗式流行语（废话文学、糊弄文学、凡尔赛文学之类），不好好说话，久而久之便变成不会说话和文字失能。由于缺乏深度阅读的支撑，人们日常的文字表意空间变得极为匮乏，内心戏可能很丰富，但无法用有文化内涵的话语来表达丰富的内心，只能干瘪无趣地说"俺也一样""你懂的""一切尽在不言中"。很多人习惯了碎片化的阅读和碎碎念式的表达，没有能力输出超过 800 字的长文字，相当一部分人在文字上的巅峰也许就是当年写的高考作文。对于这些"一张口就词穷"的文字失语者，秒懂问题、秒速输出千字长文的 DeepSeek，当然是一个神。

ChatGPT 最火的时候，我曾写过一篇评论，认为 ChatGPT 的强大智能是对人的反向测试：如果人类轻易就被 ChatGPT 这种机器所取代，说明人类平常做的就是机器可以做的事，机械、简单、重复、无创造性、可以自动生成。如果我们把教育的优势建立在死记硬背和超极限刷题上，如果我们把"善于记忆"当成最强大脑的话，那么 ChatGPT 足以让人恐惧。今天让很多人感到"人类渺小"的 DeepSeek，同样是一种反向测试：它"出口成章"的长文表达，反向测试出现代人的文字失语，即面对一个复杂事物日益匮乏的文字表意能力。它用算法蒸馏和压缩的华丽辞藻所营造出的伪深度，反向测试出现代人的思维肤浅。也许不是 DeepSeek 多有深度，而是现代人的肤浅，反衬出机器思考的深度。

我们来看一段 DeepSeek 生成的文本："古典主义的现代困局，江南文脉的自我殖民化，海派学术的功利主义癌变，经院哲学的僵尸复辟，欧陆理论的学术买办。引文游戏的中国功夫，破局者的游击战，知识生产的盗火者困境。"我们看第一遍时会觉得它挺深刻，但看了几篇之后，就会看到它的套路，不过是把文科学术论文变成一种模板，以故作深沉的批判姿态串联起来。只看文本，似乎挺规整漂亮，但细细品味一下，会发现很多都是一本正经地胡说八道。在头头是道、重重叠叠的表达下，文字根本没有逻辑，也就是说，它经常胡编乱造，无中生有。

这让我想起曾经在舆论场上引发过争议的那些华丽丽的"高考满分作文"：迎合命题者的意图，堆砌一些"闪闪发光的句子"，引用古典哲学家几句不那么流行的"深奥警句"，来几段华丽的排比和生动的修辞，结尾再来个漂亮的姿态，如果有点对人类未来的忧郁思考，就更好了。例如，"一切实践传统都已经瓦解完了，我的生活故事始终内嵌在那些我由之获得自身身份共同体的故事之中，嚆矢、振翮、薄脊、孜孜矻矻、一觇、玉墀、婞直，等等（从哲学名著中蒸馏出的术语）"。DeepSeek式深度文本，就像是这类"高考满分作文"模板的技术升级版。正如对"华丽满分作文"的追捧所暴露出的作文教育和公共表达的思想贫乏一样，对DeepSeek式深度文本的过度追捧，也反向暴露出现代人在长文表达上的匮乏。

为什么经常写作、有深度文字表达能力的人，不会对DeepSeek产生神化和崇拜呢？

其一，勤于写作的人，有自己的文字标准，对长文字有较高的审美判断力，有较高的批判性阅读的能力，不容易被文字游戏所忽悠，DeepSeek式深度文本蒙蔽不了他们。他们对"空洞的辞藻"有一种免疫力，更善于从内里去看文字的纹理与思想，而不是仅仅从外在欣赏文字的美。其二，勤于写作的人，更看重写作过程带来的愉悦，而不是仅将其当成一个结果。写作是一件既很辛苦又很快乐的事，经过那个"众里寻他千百度"的艰辛思考，付出思想的辛劳，灵光一闪，文思泉涌中一气呵成，才能体验到那种文字快感。而秒速生成的文本，缺乏这种有机的审美过程的支撑。其三，勤于写作的人，已经在长期写作中形成深刻的自信，对思想个性的自信，对独特角度的自信，对不可复制不可蒸馏的自信，因此，不会轻易就哀叹"写作会被机器取代"。

  我不排斥DeepSeek，也认同它的成功所体现出的创新与进步，但不要炫耀它的深度写作，不要拿它去贬低人的创造与思想。如果我们真在它的"深度长文"面前跪倒了，那便是真要反思了，是DeepSeek太能写，太能出口成章，还是我们太缺少写作，丢掉了我们本应最擅长的长文字表达！

三 思辨与议论

高考作文是在给那些有批判性思维的人加分

看到各地的高考作文题，我的一个总体感觉是，命题者更看重批判性思维，总在奖励那些有批判性思维的考生。无论是全国Ⅰ卷的"管鲍之交"，还是Ⅲ卷的"如何为自己画好像"，或是全国新高考Ⅰ卷的"疫情中的距离与联系"，北京卷的"每一颗都有自己的功用"，天津卷的"中国面孔"，江苏卷的"信息茧房"，都在考查学生面对一个抽象的命题时，能不能从多元、辩证、差异的角度看问题，能不能在写作中为抽象命题找到与现实映衬的具象落点。每一个题目都强调"角度自选"，因为有竞争力的好角度、巧角度不是考场临时拍脑袋想出来的，而是批判性思维的产物。

什么是批判性思维？对于作文审题来讲，就是一个看到他者的命题框架（解构）并找到自己思考落点（建构）的思维过程。我一向主张高中生应该有批判性思维的训练，学习思维方式而不是应试技巧，从而在面对一个具体命题时"降维打击"，轻松破题，在角度位移中找到自己的"菜"。

高考作文的命题设置了不同的场景，如读书会发言、演讲稿、一封信、主持词等，这些都是形式，万变不离其宗，关键考查的还是评论的能力。接下来我用在《时评写作十六讲》和几次评论直播课中讲过的批判性思维方法，来全景解析几个高考作文题。

以评论基准线为跳板，找到评论抓手

我最喜欢的作文题是全国 I 卷：春秋时期，齐国的公子纠与公子小白争夺君位，管仲和鲍叔分别辅佐他们。管仲带兵阻击小白，用箭射中他的衣带钩，小白装死逃脱。后来小白即位为君，史称齐桓公。鲍叔对桓公说，要想成就霸王之业，非管仲不可。于是桓公重用管仲，鲍叔甘居其下，终成一代霸业。后人称颂齐桓公九合诸侯、一匡天下，为"春秋五霸"之首。孔子说："桓公九合诸侯，不以兵车，管仲之力也。"司马迁说："天下不多（称赞）管仲之贤而多鲍叔能知人也。"

班级计划举行读书会，围绕上述材料展开讨论。齐桓公、管仲和鲍叔三人，你对哪个感触最深？请结合你的感受和思考写一篇发言稿。

我在《时评写作十六讲》中提到过，拿到一个题目，首先，不要急于去构思角度，先想想命题者的出题意图可能是什么，别人拿到这个题目时会想什么？会集中在哪个方面进行讨论？这个思考过程叫"寻找话题的基准线"，也就是寻找多数人对这个话题的讨论域。抓住话题的基准线，第一可以保证不会偏题，这个基准线会牵引着你，避免你离题万里而不自知，想象力要有缰绳，不可天马行空。其次，可以用别人的想法激活你的想法，想想别人拿到这个话题时想什么,就是一种对话,因为想法很多时候是在对话中被激发出来的,可以在别人的思考基础上延伸,也可以把"别人"的观点当成靶子。总之,寻找基准线的过程就是一个话题域锚定并"站到别人肩膀上去思考"的过程。

这个材料的基准线是什么呢?可以很容易想到,命题者已经半暴露了他的意图,齐桓公、管仲和鲍叔,你对哪个感触最深。很明显,这是一个关于如何对待人才的话题。在人才的维度上,如果说管仲是个人才,则齐桓公会用人,鲍叔会识人。齐桓公不仅是个人才,还是个人物,能驾驭人才,不拘一格善用人才。鲍叔不仅是个人才,还是个会识人并且甘居比自己更牛的人才之后的有德贤才。哪种是人才最重要的品质,你最欣赏哪一类人才?这就是一个重要的基准线,价值排序见仁见智,在不同的问题意识和比较参照系中突出你最欣赏的那一个,结合当下现实,看谁说得精彩。

如果让我写,我会写鲍叔的知才识才,我会沿着"识才"这个角度伸展开,一般人可能只会想到鲍叔识管仲,这只是一种浅层次的、人人能看到的"识",更重要的是"识才"的另外两个面相:其一,识齐桓公这个才,相处辅佐那么久,知道这是个明君,能接受像管仲这样曾辅佐过自己的对手、并差点让自己送命的人才为我所用,如果鲍叔不识齐桓公这样的人才,跟错了人,不识时务地向一个心胸狭窄的上级推荐敌人,那就死定了。其二,识自己的才,知道自己几斤几两,明白管仲比自己厉害,齐王更需要管仲,就主动让位,甘居更强的人才之

三 思辨与议论　105

下。识齐桓公这个才，识管仲，识自己。"识才"就是评论的抓手和线头，纲举目张。

如果让我写，我还可能结合当下现实，写人才使用中的公心与私心，这个材料中，几个人才都有一个令人欣赏的共性：出于公心，没有私心。出于公心，连曾经是自己对手，甚至差点让自己"送命"的人才都用；出于公心，举荐比自己厉害的人，甘居牛人之下当助手；出于公心，为了齐国兴盛，放弃前嫌。公职的要义在于公，人才使用，需要这样的公心。

借助比喻和意象的延伸去拓展思维

我在"评论写作的十大独家技巧"的直播课中讲到了这种方法，即借助比喻和意象去拓展思维。比如面对"后浪"这个比喻时，你能不能想到，这个概念背后有一个庞大的概念家族，你能想象到它周围的这个家族，就叫意象的延伸。从后浪想到前浪，想到中浪，想到大海、沙滩、弄潮儿、浪潮、潮水的方向、波涛汹涌的海面之下深沉的平静，等等，这就是延伸，这么一延伸，思维和角度就打开了。

高考作文题中经常包含比喻，比如全国Ⅲ卷：阅读下面的材料，根据要求写作。人们用眼睛看他人、看世界，却无法直接看到完整的自己。所以，在人生的旅程中，我们需要寻找各种"镜子"、不断绘制"自画像"来审视自我，尝试回答"我是怎样的人""我想过怎样的生活""我能做些什么""如何生活得更有意义"等重要的问题。

又如，毕业前，学校请你给即将入学的高一新生写一封信，主题是"如何为自己画好像"，与他们分享自己的感悟与思考。

"镜子"和"自画像"就是一种比喻，如何看到自己，怎么定位自己，以什么为参照物，说的便是新闻传播学中的"镜中自我"和"符号互动"。有了镜子，就可进行比喻和意象的延伸，什么镜子，照出一个怎样的自我？是扭曲而失真的哈哈镜？还是自欺欺人的美颜滤镜？还是只看到过去而看不到未来的"后视镜"？或者是醉生梦生的幻境？从语言学家莱考夫的角度看，隐喻是我们赖以生存的镜像，由一个比喻想到它的家族，思维就活络开了。

自画像——我看到的关键意象在"自"，我们的人生我们自己做主，对于我们自己的未来，自己的定位，自己去画，不是父母画，不是老师画，不是其他同学画。准确定位自己，有一个稳定的判断，不会因为一次月考成绩下降就怀疑自己。

思维僵化和固化的人，只能就看得见的东西进行评论，被眼前的事物套牢，想象力被关进了套子里。而思维开放的人，能从看得见的东西延伸到看不见的，从"浪"想象它的后面是看不见的大海和沙滩。我建议大家拿到一个题目时，要善于在纸上画思维导图，这个导图能帮着你思考和导航，"导"到跟一个概念有家族联系的其他概念上，你的思维就打开了。

再如，走过2020年的春天，你对"中国面孔"又有什么新的思考和感悟？这里的"面孔"也是一个比喻，同样考验着意象的延伸。

找到有代表性的反对观点，当成支点和靶子

我在《时评写作十六讲》中讲到一种方法，就是用驳论调动起自己的思维，让思维活跃起来，用否思去建构，也就是用驳论去凸显自己的观点，找到一种有代表性的反对观点，在反驳这种代表性观点的过程中清晰表达自己的观点。

比如全国Ⅱ卷的题目。阅读下面的材料，根据要求写作。墨子说："视人之国，若视其国；视人之家，若视其家；视人之身，若视其身。"英国诗人约翰·多恩说："没有人是自成一体、与世隔绝的孤岛，每一个人都是广袤大陆的一部分。""青山一道同云雨，明月何曾是两乡。""同气连枝，共盼春来。"……2020年的春天，这些寄言印在国际社会援助中国的物资上，表达了世界人民对中国的支持。"山和山不相遇，人和人要相逢。""消失吧，黑夜！黎明时我们将获胜！"……这些话语印在中国援助其他国家的物资上，寄托着中国人民对世界的祝福。

再如，"世界青年与社会发展论坛"邀请你作为中国青年代表参会，发表以"携手同一世界，青年共创未来"为主题的中文演讲。请完成一篇演讲稿。

这个题目看起来好写，其实不好写，虽然有话可说，但很容易写得很空很虚，全是正确的套话，跳不出宏大的题意。可以用我刚才讲的这个方法，找一个具体的节点，在反驳某个流行的代表性观点中去体现它，带着问题意识让主题找到具体的落点，并跟时事形成紧密的结合，比如，可以反驳"甩锅论"，

反驳那种对别人的灾难幸灾乐祸的思维，反驳那种认为可以独善其身的思维。面对一个正在发生的热点话题，需要考生对相关现象有较多的了解，才能够驾驭观点。

说"一个东西是什么"，可能不太容易定义，但通过强调"它不是什么"，就比较容易去阐释并找到现实落点了。宏大的主题，往往需要一个"一滴水"那样具体的事物为映射点，即用一滴水去映出阳光。例如，全国新高考Ⅰ卷"疫情中的距离与联系"这个题目，也需要找到一滴水，找到"距离产生美"的疫情现象支点。

用批判性思维跳出他者之锚，避免作茧自缚

上海卷的题目也很有意思：世上许多重要的转折是在意想不到时发生的，这是否意味着人对事物发展进程无能为力？请写一篇文章，谈谈你对这个问题的认识和思考。

这个题目尤其考验批判性思维，千万不要被题目表象所迷惑和带节奏，从而走向虚无主义和宿命论。世上许多重要的转折虽然是在意想不到时发生的，但并不意味着人对事物发展进程无能为力，"人民群众创造历史"这个三观定力不能被干扰。

其一，其实，多数重要转折都是在人们看得见的努力之后、在预料中发生的，但因为是在预料中发生，人们就没有格外注意它们，就像新闻规律那样，人们对个案的特别关注反而会导致对日常的忽略。

其二，许多重要的转折是在意想不到时发生的，"意想不到"

并不是没有人的努力,而是人的努力没有被看到,很多事情无法在当时进行判断,多年之后才显得更清晰。

其三,机会只青睐那些有准备的头脑,即机会是给努力的人准备的,很多时候不要太急功近利,努力了自然有回报,不要指望贵人相助,不要指望天上掉馅儿饼,不要太在乎一城一池的得失,得一寸有一寸的欢喜。

江苏卷的题目也很有哲思意味。"同声相应,同气相求。"人们总是关注自己喜爱的人和事,久而久之,就会被同类信息所环绕和塑造。智能互联网时代,这种环绕更加紧密,这种塑造也更加可感。你未来的样子,也许就开始于当下一次随心所欲的浏览,一串惺惺相惜的点赞,一次情不自禁的分享,一场突如其来的感动。

我写过一篇题为《作茧自缚》的短文:"互联网时代,谁是这个房间里最聪明的人?互联网专家戴维·温伯格在《知识的边界》中提出了一个很有脑筋急转弯意味的问题。答案是谁呢?领导、专家、女主人、博士、诺贝尔奖得主?都不是。结论是,房间本身——是容纳了其中所有的人与思想,并把他们与外界相连的这个网。这个网,要与世界相连,不能作茧自缚。"

去年我在一所大学做演讲,现场的交流环节中,一个女生提了这样一个问题:"当下很多社交平台过于娱乐化,满眼的明星八卦,面对这种信息环境我们该怎么办?"我在回答中反问了她三个问题:其一,为什么我的朋友圈和微博上很少看到这类信息?其二,其实网络上的信息很多元,有很多严肃新闻和严肃评论，你自己有没有尝试主动去获取这些信息？其三，你不仅是信息消费者，其实也应该是一个内容生产者，你为改变你所批判的不良信息环境做过什么努力？是否写过几篇严肃的评论，以及挖掘过有价值的真相和数据？

我的反问虽然有点尖锐，但交流过程很愉快，那个提问的女孩子说自己意识到了"在社交平台主动获取信息"的重要性。今天回过头来看，这个"提问"和"反问"正说明了网络时代"主动选择和内容生产"的重要性。只有主动选择，才能消除某种固化的媒介在你的视域中造成的盲区，从而看到更广阔的世界。互联网提供了一个开放的世界，如果你只关注你喜欢的人、跟你同在一个圈子里的人，你的视野就被你的选择限定了；如果你面对手机屏幕毫无作为，只等着新媒体的投喂，你也只能享用那些含有种种添加剂、营养单一的信息。

房子真是一个万能的隐喻，打破"信息茧房"，也是为了让信息平台成为"最聪明的那个房子"。

因此，对于那些日常受到过批判性思维的训练并关注时事热点的高中生来说，这些题目都不难。

写高分作文,押题最 low,高手押的是时粹

上一篇《高考作文是在给那些有批判性思维的人加分》,通过对高考作文题的全解析,强调了批判性思维对"解锁题意、构思角度"的重要,这篇文章想谈谈写出高分作文的另一种素养:时事感,即对重大时事和社会热点的日常浸透所形成的带有时代活性的表达语感。

为什么有些人拿到高考作文题时脑袋一片空白,瞬间被题目"吃"进去了,从而跳不出来,紧张到不知道写什么?主要还是因为没有时事感,驾驭不了话题。

为什么有些人勉强构思出一个论点,可是写几句就觉得没话可说了,只能硬憋硬挤,翻来覆去就那么几句车轱辘话?也是因为没有时事感,缺乏可以驾驭观点的、由此及彼的案例和材料。

为什么有些人的文章总是跳不出空话套话,案例永远是套路作文中用滥了的材料,跳不出对司马迁、霍金、爱因斯坦、李白、屈原的作品的引用,语言也是千篇一律的社论语言、教材语言和文件语言?因为没有时事感,缺乏最新热点时事案例的积累和思考,不能把这个时代人们最关心的、能激起公众痛

点的案例用到文章中。

近年来,高考作文命题有一个基本倾向,就是与时代和时事的贴近,即时事驱动型写作。每年的作文题都是一个年度时段中时代精神、集体心灵和时代热点的反映,万变不离其宗,时代和时事是作文命题的母题,时代是出题人。这也要求考生跟上这种命题节奏,提升写作的时事感,让案例、观点、思维带着这个时代的活性,而不是套用那些死的套路和死的材料来写作。

因此,要像一个时事评论员那样写高考作文,触及当下的痛点和痒点,灵活运用当下的时事案例,体现对当下现实问题的思辨,这就是作文的时事语感。

押题是下策,押时粹做好备料是高手

每年都会有人押题,猜命题者的口味和趋势,然而,茫茫的话题之海洋,捉摸不透的命题灵感,你怎么押?就算能大体猜到某个话题,但这个话题域也太没有边际了,根本猜不到命题者会从什么角度、以哪个具体的点来命题。押题是一种赌博式的无效行为,我在《时评写作十六讲》和几次写作直播课中也谈到了,应该学会去押"时粹"。

什么是时粹?就是时代之精华、时事之精粹,即一个年度关系到国计民生和多数人精神心灵的母题。高考作文命题,基本是在这个话题域中去搜寻。比如,劳动与人工智能、五四运动一百周年、中国味、新中国成立七十周年、信息茧房、焦虑中的自我画像、自我定位、中国面孔、对人才的态度，都是当年时粹的体现。

时粹是一种话题域很广的存在，押时粹有什么用呢？有大用！押时粹，也就是时事之精华，不是为了像押题那样准备一个具体可套的材料来碰运气。押时粹的过程，是一个熟悉这一年度影响着国民心灵的大事件、大热点、大现象的沉浸过程，从而能够把这些材料和思考灵活地运用到一个具体话题的分析中，让文章带有让人眼前一亮和高分颜值的时事语感。

因此，押时粹是一个为写作备料的过程，让这些材料和思考成为你写高分作文的厚重背景和时事血肉。所谓时粹，就是不管命题者出什么样的题，这些反思时代主题的思考和材料，都有可能用得上，从而为文章添彩加分。

如果有了贴近时粹热点的充分积累，不管命题者怎么出题，写作者都能将其灵活地用到文章中，勾连当下，体现时事活性。全国Ⅰ卷的"管鲍之交"，谈人才，也是一个可以准备的"时粹"话题。

押时粹，其实不是押题那样的碰运气，而是让自己的思维在梳理时粹中带上时事活性，将重大议题、重大人物、重要观点在你的文章中活学活用，让别人看到你视野的开阔和对时代的关注。"文章合为时而著"，作文考查的是你的思维能力，也考查你对你所身处的这个时代的认知。

当然，这不是套路，不是用一种同质化代表另一种同质化，不是生搬硬套，而应该是一种自然的时事涵化过程，是灵活运用的活水。关注书本外的时事，其实也是一个打破书本茧房的过程，避免写作中选用的案例都是那些同质的套路和材料，从而有新鲜的、灵动的、带着现实气息的材料、论据和问题意识。

把握时粹带来的驾驭感和表达欲

时粹，是反映时代精神和集体心灵的话题域，无论谈论什么话题，都绕不开这些精神母题。语文老师要善于将日常授课与时事紧密结合起来，帮学生梳理时粹，梳理时粹中的代表性观点和经典文献，熏陶学生的时事思维、时事活性和时事语感。

有了时粹的梳理准备，无论命题者出什么题，你都不用怕了，一切尽在掌控。不管命题者出什么题，考生在写的时候都可以用这些反映时代关键特质的典型人物、典型现象去破题，让题目与时代碰撞，通过摆当下的"事实"去讲题中的道理，从而写出一篇贴近时事、带着时代活性的文章。这就好比写作者是在拿着一个准备好的金锤子，看到什么都可以去敲一敲，以不变的"时粹"应"话题"之万变。这些时粹材料的积累，既在沉浸中锻炼了思维，又形成了一张话题之网，网住了话题域。

倘若没有这种让自己沉浸在时粹中的准备，考试时就会怯场，不知道命题者会出什么牌，脑袋空空，拿到试卷，一下子就被题目给唬住了。而如果你有了时粹准备，就不会慌了。任你出什么题，我备的材料都能够驾驭，也不怕写几句就没话可说了，总能跟那几个时事母题挂上钩。

押具体的题，无效而危险，如买彩票撞大运，又如大海捞

三 思辨与议论

针般漫无边际。而取法乎上，关注作为母题的话题域，积累那些反映时代精神与心灵的人物、现象，适用度和匹配度就非常高了。不是空洞说理，不是在空话套话中生搬硬套，而是与现实问题产生勾连，摆当下之事实，用近来发生的、人们有印象的时事作为案例去说理，这应该也是阅卷者最喜欢的作文。阅卷者从中不仅能看到你的思维和角度，还能看到你开阔的视野、对热点时事的关注，以及将书本知识与现实问题结合起来思考的实践思维。

积累时事案例和材料的几种方法

常有人问我"高考议论文"与"时评"的区别，我认为，一篇好的高考议论文，就是一篇好的时评。高中生多缺乏理论和经验积累，不太了解社会，对一些事情只能作比较空泛的"议论"，摆事实（间接经验、书本材料），讲道理，从而写一篇议论文。而时评不仅要"议论"，更要有针对性和含时量，紧贴时事、时局、时势、时弊和时象，应时而议，因时而作，摆"带着时事活性"的事实，讲"能触动现实痛点"的道理。议论文是应试的评论，时事是应时的评论，好的议论文应该能超越"埋头应试而不闻窗外事"的空泛议论，与窗外的时事结合起来，往时评的方向去发展。

我一直认为，高中生应该抬眼看社会，让自己具备时事素养和媒介认知。不说其他，仅拿高考来说，可以注意到一个趋势，现在的高考题都越来越活了，不仅是作文，语文这一科的其他题目，历史、政治，甚至英语和数学，都与热点有关联。因此，不能让"高中生"这种身份限制了自己的视野，应该养成关注时事的习惯，用课本知识去观照时事，从时事中汲取营养去强化课本认知。

前几天我还跟一个语文老师聊到这个话题，我说，命题者都是时事新闻场中的人，他们的命题框架中肯定会带着"时事"的影子。阅卷者也都身处时事新闻场中，他们也会更青睐那些带着现实关怀和时事活性的作文。贴近时代，贴近时事，这本来就是议论文应该有的样子。任你命题七十二变，逃不出当下这个时段的话题域。

高中生如何提升时事素养和媒介认知？不是临时抱佛脚，而是需要日常积累，需要有意识地培养。积累是一个滴灌、熏化的过程。我在《时评写作十六讲》和《时评写作十讲》中都谈到过，最好的积累方法是"网状积累"，不是线性记忆，无关联地记一大堆，很容易迅速遗忘，而"网状记忆"让材料和案例联系起来，由此及彼，触类旁通，看到一则新闻想到另一个案例，梳理旧案例时想到一个新近发生的新闻，这就是网状积累。

作文材料的积累，可以从以下几个方面入手，进而形成自己的时事案例库。

其一，反映时代特点、精神风貌和主流气质的典型新闻、典型人物、代表性现象。那么多热点，每天都此起彼伏，让人眼花缭乱，根本关注不过来，这时候就需要家长和老师帮着孩子做梳理和减法，关注那些关键性事件和关键性人物。

其二，日常作文训练培养"三个案例意识"。建议平常的作文训练，可以多集中于结合当下的热点时事去进行思辨和议论，不仅培养对当下热点的关注，还要养成论证的习惯。什么叫"三个案例意识"？就是写作文的时候，要逼着自己举例，强迫自己养成一篇议论文中起码要举三个案例的习惯，即两个正面案例，一个反面案例，或者两反一正，或者两中一西，或者两现代一古代。

"三个案例"，我在写作直播课中专门讲到了，就是让议论文更有时事活性。没有案例，文章太硬，写作者也感觉写着写着没话可说，因为道理通常几句话就讲完了。案例太多，又让人觉得观点不够突出。因此，三个案例比较适中，既没有让案例压过道理，又让文章有血有肉，有案例支撑。最关键的是，这种"三个案例"的训练会让这些案例成为你的积累，搜集在文件夹中的案例是死的，只有当你用了它们，它们才会成为活的案例，才能凝聚在你的网状记忆中，在下一次写作的时候可以随时激活，关键时候亦可信手拈来。

其三，养成"书本—时事"对偶性思考的习惯。平常进行写作训练的时候，就要到新近发生的热点中去搜寻对应的新闻，用"具象的热点"去对偶"抽象的话题"。例如，谈人才的话题，可以在近来热点中找到哪些对应话题？有哪些反面案例？（文章中的反面案例，会使论证更有说服力）谈人工智能的话题，可以找到哪些话题？对偶性思考，也是一种"网状记忆"

的勾连方式。

　　作文之所以在语文和高考中占那么大的比重，因为这是最能体现一个考生所积累的综合素养的一种考核方式，你的文字，你的思维，你的时事视野，你的课内知识、课外阅读的掌握程度，你在这一阶段的三观的深度，都会体现在高考作文中。

　　我一直认为，一个人的文章，可以从他坚持超过一年的那些习惯中找到影子和答案，也是由那些他坚持超过一年以上的好习惯成就的。关注时事，读几本经典，每半月拿一个热点、痛点、爆点话题练手，写完后跟评论高手的同题文章进行比较，每月梳理当月重大时事中的典型人物和广为流传的故事并尝试用到文章中，看新闻后面的跟帖评论时养成把精彩的评论记下来的习惯，一两年后，你将受益无穷。那么，就从现在开始吧！

解析2021年高考作文,"不躺平"的一万种写法

2021年高考作文题出来了,一眼望过去,令人产生一种强烈的"熟悉的陌生感"。所谓熟悉,因为多是意料中的作文母题,如关于中国共产党成立一百周年,关于初心、理想、做人、生逢其时、纪念日等;但又令人觉得"陌生",即没想到会以这种角度和方式出题,如"可为与有为""汉代扬雄以射箭为喻谈理想""体育与做人"等。题目一出,很多人都说这个作文题出得好,既贴近时代的主题,又有思辨和思想的张力。我也这么认为,好题目就应该有这种"熟悉的陌生感",既契合时代脉搏又让你猜不着题,人人都有话可说,但说出新意又有一定的挑战,能考查考生的日常积累和思辨能力。

这些题出得"妙"的另一方面表现在,不是给一个简单粗暴、"又红又专"的正能量结论,而是有充分的思辨空间,让考生通过自身的论证去得出结论。浙江卷、上海卷、北京卷,都是在多元价值中引导考生去找到自己的价值"锚点",在比较中彰显,在多元中辨析,考验的正是批判性思维。

有人说,2021年各卷作文题的主题一言以蔽之,就是不能"躺平"。仔细分析,确实如此,"可为与有为",指向"不能躺

平"，实现理想必须付诸行动，"躺平"可不行。人的身体会天天变化，强弱会互相转变，不能因自诩强大就可以"躺平"。"人"字逆锋起笔，缓缓出头，两边撑起来，喻示不可"躺平"。生逢其时，不可躺平；得失不是终点，是奋斗的过程，也不可躺平。高考作文题体现着时代的声音，贴近着时代的脉搏。不知道命题者出题时有没有想到"躺平"这个词，作文题与"躺平"的互文，体现着鲜明的问题意识：那些"好价值"都是拼出来的，不是可以"躺"出来的。如果考生对当下的热点时事和舆论水温有认知，对"躺平"的相关讨论比较了解，就能更好地在互文中找到破题的角度。

当然，光知道一句"不能躺平"，还写不好2021年的作文题。我想说的是写作思维上的"躺平"，"文似看山不喜平"，论点切忌太平淡、平滑、平凡，否则很难拿到高分。本文将结合2021年的几个高考作文题，谈谈如何启动和激活批判性思维，在批判性对话中跳出"躺平思维"，让观点更有思考的质感和深度。

在"否思"中彰显正面价值

我平常看学生的作文，看的最多的就是那种被命题者的"一维主题"所套牢的文章，观点很平滑。你如果出一个"要有奉献精神"的题目，我就围绕"要有奉献精神""奉献成就人生""奉献让我快乐""奉献的人生更有厚度"，写一堆大道理。这便是"一维思考"，即过于简单粗暴地在"奉献"的表面，平淡地论证"奉献"的重要,缺乏问题意识和论证张力,没有把"二维层面"的冲突写出来。要让"奉献"的价值在冲突中凸显出来,才有论证和思辨的张力。

好的评论写作应具备体现驾驭冲突的能力,如果全是正确的话,没有争议的观点,你说的话我都认同,没有任何冲撞感,这样的观点就没有质感。所以,我欣赏的是那种"过山车式"的评论:建立—冲突—消解,即建立"冲突",制造"矛盾",埋下"包袱",形成"反衬",然后通过你的论证消解这种冲突,形成一种跌宕的效果。也就是说,不要简单直接地去肯定一种价值,而要善于通过"否思"去彰显价值。

就拿全国甲卷的题来说,给出了党史材料,让考生以"可为与有为"为主题写一篇文章。写作的落脚点肯定应该是"大有可为",但怎么让观点更有质感?就"大有可为"写"可为",会很空洞、单薄和套路化,很容易沦为正能量材料的堆砌和奋进口号。这时候,考生应该启动批判性思维,为"可为与有为"找到"对手方",在与另一面的对话中凸显"可为与有为"的价值。

"可为与有为"的对立面是什么?是"不为""无为""乱为"。想到这些,思维开始启动了:在那个晦暗的年代,民不聊生,政府黑暗,兵荒马乱,年轻人似乎有充分的理由去"不为",躲进小楼成一统,埋怨生不逢时。然而他们没有如此,事在人为,他们的积极作为创造了时代。我站立的地方就是中国,我怎样,中国便怎样,国家是由一个个具体的人组成,我有所作为,国家和时代才有所作为。从某种程度上说,不是时代大有可为，是我们都在奋斗和作为，才有了这个大有可为的时代，时代是人创造的，我们不是躺着等时代来滋养我们，我们就是这个时代，就像那些先辈就是他们那个时代一样。一棵树摇动另一棵树，一片云推动另一片云，一个时代成为另一个时代的丰碑，一个民族就是这样生生不息发展的。这不，思维就打开了，观点在思辨中有了质感，还可以由"可为与有为"延伸到"敢为与智为"。

"否思"是指思考相反的一面，用相反的一面来彰显某种价值。"否思"是批判性思维的一种表现，是善于用否定性概念去挖掘深层内涵，否定性的观念批判主要的目的是解除当下的虚假观念的束缚。比如，定义一个东西是什么，不如说它"不是什么"更能体现问题意识，即尝试用否定去接近一个事物。我之所以建议评论写作要多用"反例"，是因为我们更容易通过负面例子而不是正面证据来接受真相。我想起了美国首席大法官罗伯茨给法学院学生做的著名演讲《祝毕业生遭遇不幸》："在未来的很多年中，我希望你被不公正地对待过，唯有如此，你才真正懂得公正的价值。我希望你遭受背叛，唯有如此，你才领悟到忠诚之重要。我会祝福你时常感到孤独，唯有如此，你才不会把良师益友视为人生中的理所当然。"这就是"否思"带来的质感，更彰显出正义、公正、忠诚的力量。

全国乙卷的"理想"、新高考Ⅰ卷的"体育之研究"、天津卷的"纪念日"，都可以采取"否思"的方式去拓展，体现对问题意识的驾驭。

在包容和"升维"中凸显观点力量

哈佛大学原校长德里克·博克关于批判性思维的见解最常被引用，他把学生的思维模式的进化分为三个阶段：第一阶段是"无知的确定性"，这是一个盲目相信的阶段；第二阶段是"有知的混乱性"，这是一个相对主义的阶段；只有少数学生的思维水平能够进入第三阶段，即"批判性思维"阶段，能提出疑问并在分析后给出不同的判断。中学生常被认为处于"无知的确定性"阶段，就是脑子里有很多标准答案，只知道一个答案，没有其他的想象力去形成某种确定性。其实，中学教育也应该训练学生的批判性思维，很多问题的思考不能被标准答案局限。

观点的质感，往往是在超越二元对立和标准答案中体现的。比如北京卷的作文题目："每个人都生活在特定的时代，每个人在特定时代中的人生道路各不相同。在同一个时代，有人慨叹生不逢时，有人只愿安分随时，有人深感生逢其时、时不我待……请以'论生逢其时'为题目，写一篇议论文。"考生很容易把"生逢其时"当成一个正能量标准答案，而把其他都当成靶子，否定"有人慨叹生不逢时，有人只愿安分随时"。这样的思考角度比较平滑，缺乏包容性和贯通感。如果只是简单地进行肯定和否定，便无法体现思辨的力量。

如果我来写这篇作文，我会把"有人慨叹生不逢时，有人只愿安分随时"包容到这个时代中——这个时代的进步，就在于可以接受"躺平",可以接受你去"慨叹生不逢时"。人在生命周期中不可能永远处于亢奋的状态,有时激情澎湃、踌躇满志,有时低落惆怅、怀疑人生,起伏是常态。得意时信成功学,失意时接受"平凡学""躺平学",何必把自己逼到死胡同中?只有跳出平滑的二元对立和非此即彼的思路,你的观点才会有感染力。允许别人说"生不逢时",接受别人说"生不逢时",时代提供了基本的条件,创造条件让人去奋斗,让人去实现自己认为最好的自己。这不也很正能量吗?

浙江卷的题目也很好,有多元的拓展空间:"有人把得与失看成终点,有人把得与失看成起点,有人把得与失看成过程。"如果用标准答案思维去写——"不计得失""别把一时得失看得那么重"——就俗套了。不要把这几个情境互相否定,要进行区分:有些东西,失去了,就是终点;有些东西得到了,就是起点。关键是什么?关键不是"得与失",而是自己有没有清晰的价值定位。只有当自己有了清晰的目标,才不会患得患失。这时候,思维需要"升维",用更高一个层次的价值去驾驭"得与失",站在更高层次去观"得与失",才能看得更清楚。站在高处看,大地不过是星空的一部分,这就是"升维"。

新高考Ⅰ卷的作文题目"体育之研究"也挺好,但绝不能局限于就体育论体育。体育里有人生,体育里有道德、正义和精神,强弱不只在于身体,也在于人心。人心坏了,会糟蹋身体,透支身体,健康的体魄与灵魂相关,身体的强弱与道义相关。我想起一句话,"一个强者要有三个基本条件,最野蛮的身体、最文明的头脑和不可征服的精神",强者的表现不是征服,而是保护。

与现实对话中体现当下关怀

高考作文题的出题者是谁?他们不仅是出题者,更是这个时代的代言人,出的是这个时代的题,这些题目里体现着时代。因此,在评论写作中,要与时代和现实进行对话,才能把命题本身的质感写出来。高考作文题,不仅是给那些有批判性思维的考生加分,也是给那些关心时事、熟悉时事、吃透时事的考生加分。时事不仅是"论据材料",也是论点之落点,是对话的对象,是作文的话题背景。

比如,上海卷的作文题目:"有人说,经过时间的沉淀,事物的价值才会被人们认识;也有人认为不尽如此。请写一篇文章,谈谈你的思考。"这道题目看上去抽象,但如果熟悉我们在当下所处的历史方位,就知道题目其实很务实,可以用现实去破题:在时间的沉淀中更凸显价值,比如我们的社会制度的优越感,我们的党为什么行,为什么只有我们的党才能救中国,跟当下语境形成对话。此外,还可以谈"反转新闻",谈年轻人对枯燥的耐受力,谈传统的力量。

越抽象的题目,越需要找到具象的落脚点和现实的对话者。比如,新高考Ⅱ卷的作文题目给出了"人"字写法,太抽象了,必须跟现实对话,让"人"字"降维",具化为现实生活中的碎片,以小见大,一滴水见阳光,人们才能理解。全国乙卷关于

"理想"的作文题也是如此,为什么这时候要谈理想?现实中,当我们谈起理想时在谈什么?为什么谈理想会被人嘲笑?为什么人们会说"理想很丰满,现实很骨感"?将这种对话多进行几轮,你的观点便抽离出来了:很多人有理想无行动,有理想无坚持,有理想无能力,埋怨这个不行,埋怨那个不行,还没有为理想做点什么,就气喘吁吁了。

跳出套路迷思，用批判性思维驱动写作

前段时间，作家余华陷入一场舆论旋涡，他给一家教育培训机构站台讲高考作文写作引发争议。我在评论文章《文学没死，余华把作文讲死了》中，一方面赞许作家参与中学语文教育，作家讲作文天经地义，比评论家、哲学家、史学家更适合。另一方面在具体"写作方法"上批评了余华，认为他那段念稿带着浓厚的"套路作文"色彩，没有体现一个名作家的思想水平和经验活性，不仅未给中学作文写作带来清新之风，"积累好句子""开头无论如何先写好句子"之类的应试套路，背离了写作规律，败坏了学习者对写作的兴趣。

我的这篇文章发出来后，读者的反馈挺让我惊讶和担忧。我原以为这是常识，"反套路"应是共识，没想到却看到了一种"你说又能怎么样"式的套路屈从。不少学生和"高考作文过来人"在跟帖中都表达了这样的态度——我是一名高三复读生，我的身份决定了我只能求稳（套路化）以得高分。有的说："现实是现实，理想是理想，从小一路考过来，写作文哪有不按模板写作的？"有的说："标准化的模板和标准化的解决方案是无数教育者和从业人员共同得到的最优解。"有的说："40分钟的命题作文，我想不到有比模式化作文更好的解，中高考不按套路写作就是作死。作家是作家，作文是作文。"

这些想法和观念，似乎在中高考作文写作中挺流行，甚至有了自身的理论。跟帖所表现出的"我知道套路不好，但为了高分又能怎样"的功利和内卷，让我一个局外人心情很复杂。我在北京大学和中国人民大学已经讲了十年新闻评论写作课，也经常进中学分享写作理念和写作方法，此文将谈谈我对写作套路和批判性思维的想法。在我看来，"套路才能得高分"可能并非事实，而是一种"应试迷思"和"自我实现诺言"，作文写作应该靠思维来驱动，而不是由套路和文字来驱动。中学写作教育与大学不是隔绝的，应该在教学中让学生积累可与时代话题进行对话的时事语感和思维"本钱"。

高考作文恰恰是反套路的

提到套路和"八股"，很多人都把自己置于一种"应试"受害者的角色，命题导向和应试范式如此，中学教育和中学生如何能揪着自己的头发将自己提离地面呢？中学生能有什么思维高度？40分钟内怎么有充分的时间去构思？阅卷者哪有时间去欣赏你的批判性思维？所以，还是套路最保险，以让阅卷老师熟悉的、减少阅读成本的方式去获得安全分或者高分。

从我与参加过高考作文阅卷的老师、一些资深语文老师的交流来看，这种"想象"可能是一种"自我实现诺言"，也就是说：大家都这么想，想着想着，好像就当成事实了，成为双向

三　思辨与议论　129

误解的"囚徒困境",作文教学的思想被套路所囚禁。

高考作文命题和阅卷鼓励套路吗?当然不是,看看每年全国卷和各地卷的作文题要求,题目不一样,但要求都是一致的——结合材料,选好角度,确定立意,明确文体,自拟标题;不要套作,不得抄袭;不得泄露个人信息——什么叫"不要套作"?这是对"套路作文""八股模式"旗帜鲜明的拒绝。用自己的思想,写自己的话,用自己的角度跟所命之题对话,而不是背作文、背模式、背金句去生搬硬套。

除了上述明确要求,这些年来的作文命题导向也是鼓励多元思考的,无论是题目本身的开放性,还是命题意图,都带着"不拘一格降人才"的期待。就拿2020年的各地作文题来看,这些题目都是给那些具备批判性思考的考生加分。全国Ⅰ卷的题目"管鲍之交":"班级计划举行读书会,围绕上述材料展开讨论。齐桓公、管仲和鲍叔三人,你对哪个感触最深?请结合你的感受和思考写一篇发言稿。"命题者已经半暴露了他的意图,"齐桓公、管仲和鲍叔,你对哪个感触最深"?很明显,这是一个关于如何对待人才的话题。在人才的维度上,如果说管仲是一个人才,那么齐桓公会用人,鲍叔会识人才。齐桓公不仅是一个人才,还是一个人物,能驾驭人才,不拘一格善用人才。鲍叔不仅是一个人才,还是一个识人并甘居比自己更牛的人才之后的有德贤才。哪种是人才最重要的品质,你最欣赏哪个人才?这就是一个重要的基准线,价值排序见仁见智,在不同的问题意识和比较参照系中突出你最欣赏的那一个,结合当下现实，看谁说得精彩。

再看全国Ⅲ卷："人们用眼睛看他人、看世界，却无法直接看到完整的自己。所以，在人生的旅程中，我们需要寻找各种'镜子'、不断绘制'自画像'来审视自我，尝试回答'我是怎样的人''我想过怎样的生活''我能做些什么''如何生活得更有意义'等重要的问题。……毕业前，学校请你给即将入学的高一新生写一封信，主题是'如何为自己画好像'，与他们分享自己的感悟与思考。"

这是一个非常好的题目，考验着考生能不能对"镜子"这个比喻进行延伸。"镜子"和"自画像"是一种比喻，怎么看到自己，怎么定位自己，以什么为参照物，这就是新闻传播学中的"镜中自我"和"符号互动"。可以用这面镜子进行比喻和意象的延伸，用什么镜子，照出一个怎样的自我？是扭曲而失真的哈哈镜、自欺欺人的美颜滤镜，还是只看到过去而看不到未来的"后视镜"或醉生梦死的幻境？这考查的是学生的思维，你有没有"资本"跟这样的话题对话，能不能在几面"镜子"的比较中凸显你的观点。批判性思维要求我们在比较中彰显观点，如果固化在套路中，根本写不出这个题目的妙处。

上述命题都带着鲜明的思维导向，反套路，反"八股"。没有人喜欢看套路和"八股"，包括阅卷老师。每年一些地方公布的满分作文，代表了阅卷者的价值导向，那些能在严格的阅卷程序中得到满分肯定的作文，如《赤兔之死》之类，多是反套路的、清新的，能体现思维深度和考生积累的。2020年某地那篇满分作文，因为语言的晦涩和表达的套路化，受到了舆论和中学语文教育界的排斥，也说明了主流教育界在"作文应该怎么写"上的共识。

中学语文老师都在教学生应试写作套路吗？不是这样的。一个三年前参加高考、来自全国考生最多的省份、后来考上清华大学的学生跟我说，他高中换了四个语文老师，没有人一味地传授应试技巧或背作文，他们会告诉他议论文的逻辑是什么以及如何运用素材。他身边的同学也不是为了拿高分而积累一些晦涩的句子，相反，大家经常传阅课外杂志，看好报纸好杂志。老师经常说，先不要想套路，不要想什么"引、提、析、联、结"，而是先考虑要写什么。

我在大学讲评论课，经常有学生跟我说，他们对写作的兴趣，就是被那些传说中的套路所泯灭的，考完如释重负，可以不用再去"套"了。可以看到，从命题者、阅卷者、语文教育设计者，到中学语文教育者、学生，多是反套路、反"八股"的，那种套路其实是"自我实现诺言"内卷出的一种迷思——选择最保守、最省力、自认为最安全的方式，套路迷思由此形成。

批判性思维驱动的作文写作

作文应试之弊，都看得见，我接触过很多中学语文老师，他们作为局内人，对此看得更清楚。语文老师在中学教育中扮演着很重要的角色，他们是中学这个教育共同体中的思想者，为中学生进入大学担负着"思想摆渡者"的角色。我的一个感觉是，每个在大学里有思想、有个性、善于思考的大学生，在中学里一般都有一个有思想、有个性、善于思考的中学语文老师。中学语文太重要了，学生今天走向社会对生活和工作起决定作用的一些关键素养，批判性思维、写作能力、阅读判断力，多能从通识化的语文教育中找到源头。中学与大学并不是两个截然不同的世界，不是断裂的，好的中学教育，绝不仅仅以分数、拿到大学入场券为中心，而是为中学生进入大学做好思想和知识铺垫。我一直主张，知识界应该参与到中学语文教育和作文写作过程中，以局外人视角打破应试局限，向中学教育输入批判性思维，提出一些局内人想不到、跳不出的问题，让作文写作有真正的思想质感。

我一向认为，作文和评论是思维的产物，而不是文字的产物，文字是思维的结果，思维被"热启动"了，文字自然源源不断，否则就是"编、憋、挤"。套路说明什么？说明思维根本没有被启动，而是把一个备好的、僵化的模式套上去，与题目完全是"两张皮"。

前面说过了，这几年各地作文题都凸显了批判性思维的重要，这是在奖励那些有批判性思维的考生。无论是2020年全国Ⅰ卷的"管鲍之交"，还是全国Ⅲ卷的"如何为自己画好像"，或是全国新高考Ⅰ卷的"疫情中的距离与联系"，北京卷的"每一颗都有自己的功用"，天津卷的"中国面孔"，江苏卷的"信息茧房"，都在考查学生面对一个抽象的命题时，能不能从多元、辩证、差异的角度看问题，能不能在写作中为抽象命题找

三　思辨与议论

到与现实映衬的具象落点。

如前文所说，中学生常被认为处于思维模式的第一个阶段，即"无知的确定性"阶段——脑子里有很多标准答案，只知道一个答案，没有其他的想象力而形成的一种确定性。到了大学，经过充分阅读，经历了"有知的混乱性"之后，才能具备批判性思维。其实，这样把高中教育和大学教育隔离开来，是违反教育规律的，中学教育也应该训练学生的批判性思维，不能只有标准答案。2020年全国Ⅰ卷的"管鲍之交"，其中有三种关于人才的价值判断，而没有标准答案，考查的就是批判性思维。

包括中学作文写作在内，整个评论写作过程都是由批判性思维所驱动的，观点是思维的产物，表达也是思维的产物，有清晰的思维才会有清晰的表达，没有"我想清楚了但就是表达不出来"这回事，表达不出来是因为思维还没有畅通，批判性思维还没有让观点贯通。标题、开头、结构、选题、由头、语言、结尾、判断、论证、逻辑，无不是由批判性思维驱动的。

批判性思维能让写作教育破除那种"动作分解观"，用整体思维去贯通连续的写作过程，避免把文章肢解开来。因为一个人自然的写作过程，就是把评论文本当整体看待的，不会对"动作"进行分解，不会离开整体的思维去孤立地考虑标题。思维贯通，在整体中讲结构、标题，以及标题和结构的关系，理清从角度到标题、从标题到结论的关系。写作教育传授的不是一个个"知识点"，不是动作分解的套路，而是用思维勾连起来的、能创造新知识的网络。

积累时事语感，与作文命题对话

批判性思维不是一个空洞的观念，拿什么去"批判"？批判的核心意思不是"否定"或"批判"，而是跟一个话题平等对话的能力。那么，拿什么去对话呢？对话是有资本的，日常阅读所积累的时事语感，是思维启动的"本钱"。

为什么有些人拿到高考作文题时脑袋一片空白，瞬间被题目"吃"进去了，最终跳不出来，紧张到不知道写什么？就是因为没有时事感，驾驭不了话题。

为什么有些人勉强构思出一个论点，可是写几句就觉得没话可说了，只能硬憋硬挤，翻来覆去就那么几句车轱辘话？也是因为没有时事感，缺乏可以驾驭观点的、由此及彼的案例和材料。

为什么有些人的文章总是跳不出空话套话，案例永远是套路作文中用滥了的材料，跳不出引用司马迁、霍金、爱因斯坦、李白、屈原的话，语言则是千篇一律的社论语言、教材语言和文件语言？还是因为没有时事感，缺乏最新热点时事案例的积累和思考，不能把这个时代人们最关心的、能激起公众痛点的案例用到文章中。

近年的高考作文命题有一个基本倾向，即鼓励与时代和时事贴近的时事驱动型写作。每年的作文题都是一个年度时代精神、集体心灵和时代热点的反映，万变不离其宗，时代和时事是作文命题的母题，时代是出题人。这也要求考生要跟上这种命题节奏，提升写作的时事感，让案例、观点、思维带着这个时代的活性，而不是套用那些死的套路和材料。

要像一个时事评论员那样写高考作文，触及当下的痛点和痒点，灵活运用当下的时事案例，体现对当下现实问题的思辨，这就是作文的时事语感。

时粹的话题域很广，日常关心这些时事之精华，不是为了像押题那样准备一个具体可套的材料去碰运气，而是一个熟悉这一年度影响着国民心灵的大事件、大热点、大现象的沉浸过程，从而能够把这些材料和思考灵活地运用到一个具体话题的分析中，使文章带有让人眼前一亮和高分颜值的时事语感。这是一个为写作备料的过程，让这些材料和思考成为你写高分作文的厚重背景和时事血肉。所谓时粹，就是不管出什么样的题，这些反思时代主题的思考和材料，都有可能用上，信手拈来，从而为文章添彩加分。

"取法乎上，得乎其中；取法乎中，得乎其下。"押具体的题，无效而危险，如买彩票撞大运，大海捞针一般漫无边际。而"取法乎上"，关注作为母题的话题域，关注那些作为反映时代精神心灵的人物、现象，适用度和匹配度就非常高了。不是空洞说理，不是在空话套话中生搬硬套，而是与现实问题产生勾连，摆当下之事实，用近来发生的、人们有印象的时事作为案例去说理，这应该也是阅卷者最喜欢的作文。阅卷者从中不仅看到你的思维和角度，更看到你开阔的视野、对热点时事的关注，以及将书本知识与现实问题结合起来进行思考的实践思维。

对思与否思：思维热启动让写作有话可说

我发现，讲座后的提问环节，还有日常来信和留言，很多同学都表达过这个困惑：评论写不到800—1000字，写着写着就没话可说了，140字就把道理讲完了，撑不起一篇评论，这种"输出障碍""表达冷淡"怎么破、怎么治？

"如鲠在喉，不平则鸣"，评论在原初意义上是问题意识驱动的产物，有着强烈的问题意识，或是对某种社会现象愤愤不平、不吐不快；或是读书读到了与当下现实对应的问题时，思考便被激活；或是某个热点触动了自己一直以来的某个思考；或是某条新闻折射的问题正好是自己所擅长的领域。厚积薄发，怎么会没话可说呢？常常都是先有表达冲动，然后才会评论，冲动之下，灵感如滔滔江水，驱动写作一气呵成！

然而，这只是文人虚构出来的理想状态，多数人的评论写作并非如此快乐和自然，尤其是职业写作和应试写作，哪能等你有了冲动、欲望、灵感再去写？职业写作和应试写作的挑战就在于，面对一个不太熟悉和不太有感的话题，在没有表达冲动的情况下要写出一篇好文章，在开始无话可说的情况下，迅速酝酿到有话可说。所以，评论写作要完成的第一个任务，不是动笔，而是通过构思把自己调整到有话可说的兴奋状态。写作不是文字驱动的产物，不能以文字驱动文字，"写出几个字凑成一段话"，那叫"憋"和"挤"。写作是思维驱动的产物，"没话可说"的症结在于思维没有被启动，只有思维活络了，阀门打开了，文字才会出来。语言是思想的衣裳，想到了，话就到了。

本文以实战案例分享写作方法和技巧，提升职业写作和应试写作的能力，打破表达的冷漠状态，以批判性思维建立"构思""对思""否思"框架，突破"无话可说"的瓶颈，建立与公共事务、公共利益丰富的情感和理性联系。常有人夸我，说我总处于写作兴奋状态，总有一种不知疲倦的职业热情，我愿把这种兴奋和热情分享给大家，尤其是那些拿到题目常觉得"无话可说"的朋友。

"四层次、三案例"：构思到位，写作才水到渠成

写作很难推进，文字没有进展，这往往是构思不到位所造成的。没有构思好就仓促下笔，指望一边写一边迸发灵感从而驱动文字，这种"自然主义创作观"对于受到时间约束的应试写作是不行的。什么叫构思到位？不是马马虎虎地想到一个观点或角度就行，检验构思是否清晰、是否成熟到可以下笔，是有标准的，我称之为"四层检测标准"。

第一层检验标准是，能不能用一句精练的话把自己的想法概括出来？构思过程是一个整理和取舍的过程，从什么角度，在何种层面，核心论点是什么，与其他那些"想象的竞争对手"

相比，自己的观点贡献是什么？如果真想清楚了，是能用一句话概括出来的，找到"观点线头"，将复杂化约为"有序"。比如，"请为真相到来前的无序留点空间"，或者"关心孩子飞得高不高，也要关心他飞得累不累"，这一句话往往就是观点的精华和文章的"眼睛"，提炼一下就是标题。如果你抽象不出一句"让自己觉得自信到可以动笔，以及可以让别人眼前一亮"的标题句，说明构思还没有成熟，思考还不够清晰。

第二层检验标准是，能不能换句话、换个层面把这个观点解释一下？比如，"请为真相到来前的无序留点空间"，换一种表述来解释一下这句话——"不要为了追求所谓的秩序，而停止合理质疑"。"换一种表述"的内涵是，"文似看山不喜平"，让观点有参差的层次，不能只在一个层面论述，而是要让观点更立体、更饱满、更有质感。此外，"换一种表述"往往也是待选的另一个标题句，写完看哪个更适合当吸睛的标题。

第三层检验标准是，能不能举一个例子？真想清楚了，肯定可以举一个能体现这个观点的鲜活案例。抽象出的一句话，往往是一个道理，那么，现实中有没有对应的案例、新闻或故事呢？这就是论据，也是在通过"举个例子"给道理降维，让道理更有亲和力。评论写作应该善于使用"比如"，在一段抽象论证后，要习惯来一句"比如"，在抽象的阶梯上往下走一层，接接地气，连接一下人心、人情，让论点与论据水乳交融。

第四层检验标准是，能不能举三个例子？尤其是要有反例，很多时候，反例比两三个正例更有论证力度。有中国的案例，也有外国的案例；有现代的，也有古代的；有身边的，也有远方的。让正例、反例对话，让中外案例对话，让现代、传统案例对话，文章就活了。能举三个案例，说明已经有了丰富的材料，写作时便能信手拈来了。我一直强调评论写作的"三案例原则"，写作起码要准备三个案例，胸中有案例，写作就不会慌。案例充足，材料丰富，信手拈来，文思就会源源不断。

比如《投递员亲手给儿子送北大通知书，不只读到骄傲》这篇评论，就是充分构思的产物，起码有三个与"父亲给儿子送通知书"形成互文和对话的案例：第一，正例。还记得桂林米粉店那个老板吧，儿子考上清华大学，送孩子报到之前，他傲骄地在店门口写了一份通知："因为要送孩子去清华大学报到，暂停营业几天，请相互转告。"第二，反例。网络上曾流传一个视频，孩子考上清华大学，拿着通知书跪在"植物人"父亲床前，收获了一波眼泪和流量，不过后来被证实是摆拍。正反例对话是为了凸显这个观点："投递员亲手给儿子送北大通知书"这则新闻，虽然平淡却很真实，比那种"拿着清华大学通知书跪谢'植物人'父亲"之类的人造故事更有冲击力。第三，侧例。曾有一篇让很多家长感到焦虑的文章，说的是在城市中产孩子兴趣班鄙视链，运动类排前面的是马术、高尔夫、冰球，跑步排在最后；乐器类排前面的是管风琴，钢琴只能排到末尾。这个案例是为了说明，拼不了马术，拼不了冰球，起码可以拼高考，让人看到了普通人奋斗的意义。

经过这四个层面的检验，构思便成熟了，还会不会"没话可说"呢？肯定不会，有了"一句精练的话"，有了"换一种表述"，有了"一至三个案例"，文章的整体结构框架其实已经完成，接下来只不过是顺着这种成熟的思考写出来而已。构思就是把自己调整到"有话可说"的兴奋状态，思维打通，结构搭起，思维的阀门打开了，文字自然喷涌而出。灵感是在充分的构思沉浸中酝酿出来的，不是硬写中"冒"出来的，思维理顺了，文字才会顺，灵感才会更多地涌现出来，让自己处于"文字—思维—灵感"互相激荡的畅快表达状态。

写作即对话，用不断的对话驱动表达活性

为什么无话可说，另一个关键的障碍在于：缺乏对话。人们在日常生活中一般很少自言自语，孤独时往往沉默不语，只有在对话时才会"说话"。因此，需有一个对话对象，表达才能被驱动起来——跟他诉说，跟他辩论，跟他讨论，跟他共情，跟他抗议，将他说服，才会有强烈的表达欲。写作"无话可说"，往往是没有找到一个清晰的对话对象，处于未被激活的冷淡状态，需调整到对话状态。对话欲望越强烈，"把话说出来"的表达兴奋感也越强。哲学家维特根斯坦曾说："一个人不可能独自遵守规则，规则总预设着一个利益相关者的眼睛。"同样，表达也是这样，社会学想象力、评论区想象力、评论表达欲，要有一种"我看人看我"的对象化思考，从而隔空创造对话语境。

人在辩论的时候，为什么那么兴奋？因为有一个清晰的辩论对象以及强烈的辩论求胜心。人在表达一个"不同观点"时，

三　思辨与议论　141

为什么那么健谈并激动？因为论证细胞都被激活了，他要在对话中说服另一个人。人在写一个自己比较擅长的专业话题时，为什么那么亢奋？因为设想着跟专业外的人进行对话，会充分调动起自身的专业积累来体现对话的优势。评论的本质就是对话，掌握了对话，便能处于"不断有话说"的话痨状态。

构思，是在跟"评论区"对话——出题者的意图是什么，别人对这个问题怎么想，多数人会持什么样的态度，最有代表性的观点是什么。你本来可能没有太多想法，通过这样的对话，你会渐渐产生自己的想法。智慧和火花是在对话中产生的，坐在电脑前的构思或考场上的冥想，是没法跟一个实际的人对话的，要能想象出"有代表性的他者"与之对话，通过"对话的想象"激活自己的思考。比如，对于"躺平"这个话题，当年轻人说"躺平"时，他们到底在批判什么？当舆论批判"躺平"时，他们到底在批判什么？"躺平"是一种个人理性，还是集体非理性？"躺平"是一种情绪表达，还是实际行动？"躺平"是内心导向，还是他者导向？尝试着去对话。

引经据典，不是掉书袋，不是自言自语，而是在用你的论点与学者、经典、理论对话。我是这么认为的，哪个学者也这么说了，哪个理论也是这么认为的，"六经注我"，在与历史、理论、经典的对话中提升论点的深度。举例，是让具象经验与抽象道理对话，道理毕竟是道理，道理要真正让人觉得"有道理"，要有具象经验的印证。案例之间其实也是在对话，一个正例能与反例形成对话，一个历史故事也能与当下新闻形成对话和互文的效果。

　　逻辑是段与段之间的对话。我们说一篇文章很有逻辑，是说段与段之间有着层层推进、陈陈相因的关系。"关系"就是一种对话，段首用的那些"逻辑连接词""思维转折字"，比如"因此""然而""另一方面""实际上"，体现的就是与前后段落之间的对话。论证呢？它是论据与论点之间的对话。结构呢？它是每一段与核心论点的对话，首尾呼应，段落呼应，形成事理深度融合的秩序，这种秩序就是文章的结构。

　　标题、开头、引用、举例、逻辑、结构、结尾，写作如果不断处于对话之中，就绝不会"无话可说"了。思维保持着充分的活性与兴奋，对话会不断把写作往前推进，不是你在"堆"文字，而是有一种"对话力"驱动着文字，把那些源源不断冒出来的想法写出来。

　　比如，我在写《谁不希望遇见一个能停下课一起看晚霞的老师》这篇文章时，就保持着不断的对话状态，用对话驱动着整个写作过程。选这个题目和角度，本身就是跟读者对话的产物。通过对话，我意识到读者会关心这个话题，紧张备考的高中生需要这样的新闻和角度去"减压"。标题便带着对话诉求——"谁不希望遇见"，这个"谁不希望"饱含共情的邀请，把读者拉到这种情感磁场中去一起感受"这条温暖的新闻不仅治愈了很多将走入考场的人，也感染到我们这些很多年过去后仍被高考紧张支配的人"。

　　文章的第二段引用了一些网友的留言。"引用网友有代表性

三　思辨与议论

的看法"是一种对话,跟那些对这个话题"最有代表性的想法"去对话(当然,也可能通过这种"引用"引出你的靶子,即那些有代表性的"错误观点"),体现了一种交流的诚意。我是这样写的:"有的学生说,在高三最紧张的年纪能遇到这么一个温暖的老师,算是人生一幸事吧。有的学生说,记得那个夏天,最美不过落日余晖,那时的我们都很努力,仿佛一切疲惫都能被治愈。"我还引用了一个网友调皮的观点:"好了,同学们,晚霞已经欣赏过了,是不是很美?那今天咱们围绕晚霞,撰写一篇议论文。还有刚才拿手机拍照的同学,把手机都交上来。"以此体现人们对应试教育的记忆多么深刻。考场写作无法看到真实的网友留言,但可以通过"合理想象"去构想出几种有代表性的观点,锚定对话的对象。

接下来,文章的逻辑架构的三个层次是通过与"希望遇见一个能停下课一起看晚霞的老师"这个核心论点的对话去层层推进的。第一个层次是,老师心中有晚霞,才会在讲课之余看到晚霞,从而带学生去看。如果老师心中只想着升学率,哪会有抬头看晚霞的闲心。第二个层次是,老师心中有学生,才会停下课带学生看晚霞。老师当过学生,也教过那么多学生,知道此时学生的那根弦已绷到最紧,需要减压。第三个层次是,老师心中有教育,真正理解教育对学生的意义,才会在题海内卷的焦虑中慢下来、停下来,给教育以晚霞的间隙,让晚霞映入心灵。教育不是把杯子装满,把心灵填满,而是把灯点亮。这三个层次,都呼应着标题和论点,一层层往深处推进,写出

"遇见一个能停下课一起看晚霞的老师"这个话题的质感。

结尾点题，再以精炼的方式与论点进行对话："人这一生，不能活成了证明题，孜孜以求地去向他人、向社会证明自己，而要活成一篇散文，在自由的追求中去实现自己的社会价值和个人价值，形散而神不散。活成放荡不羁爱自由的散文吧，不要活成证明题和论述题。"通过"证明题"与"散文"，以及"考试"与"晚霞"在隐喻修辞中的对话，让观点有余音绕梁的神韵，使对话触及人心。

在"否思"中找到可作参照的另一面

歌德曾说过一句话，"只知其一，便一无所知"。什么意思呢？当你只知道一个答案、一个声音时，等于什么都不知道，只有在对比参照的辨析中，才能真正洞察事物；只有在对比参照的方位中，才能定位另一个事物的意义。这就是为什么批判性思维需要超越"无知的确定性"，经由"有知的混乱性"，才能具备辨析和辩证的批判性对话能力。

把"请假"这件事孤立地进行思考，很难形成什么洞见或判断，但如果将其置于某种对比框架中，就能让人脑洞大开。一个段子是这么说的："'70后'请假是因为父母不舒服，'80后'请假是因为孩子不舒服，'90后'请假是因为自己不舒服，'00后'请假是因为看你不舒服。"通过对比的参与，照见不同年代的人在"请假"这个问题上的惯习与代际特征。

社会学家米尔斯在其经典之作《社会学想象力》中也提到

过这种方法,他说:"你往往能通过考虑极端状况,即思考你直接关注的东西的对立面,来获得最佳洞见。如果你考虑绝望,那么也想想欢欣;如果你研究守财奴,那么也琢磨一下败家子。这世上最艰难的事情就是单纯研究一个对象。一旦你尝试对比不同对象,就会更好地把握材料,从而能够从比较的角度挑出它们相似的方面。你会发现,在关注这些维度与关注具体类型之间来回穿梭,会使人深受启发。"构建"极化类型",即多种维度上的对立两端——灵感和观点,很多时候就是在这种"对思"(对立面思考)中产生的。

常态的思维,往往是顺着某个"给定对象"去孤立地思考,就事论事,特别是正面话题、正面评论,常常令人感到无话可说,这时候就需要调动"否思",在"对思"框架中去阐发,在"否思"的冲突中彰显正面价值。

通过否思和对思,有了对话的"对手方",制造了冲突,也就形成了"有话可说"的张力,充分调动起思想内部的对话感官,观点会源源不断地涌出。

在时事、素材、专长中积累对话资本

从以上分析看出,批判性思考就是一种对话的能力,"构思""否思""对思",它们的核心是对话。然而,对话是需要资本的,拿什么跟命题者的意图对话呢?没有捷径,需要在关心时事、积累素材、培养专长中积累与公共话题和考试命题对话的资本。

高考命题往往有强烈的时代性，或者是强国、小康、脱贫这样的时代话题，或者是抗疫这样的现实话题，或者是成长、人生、选择这样的生命话题。无论话题抽象或具象，宏大或细微，都考查了考生的一种能力，即能不能用道理与现实产生勾连，熟不熟悉所生活的生命世界，了不了解这个时代的人心水温。好的文章，绝不会讲抽象宏大的道理，无论是反观历史，还是畅想未来，都要有现实落点，因为文章是写给当今时代的人看的，脱胎于当下，为现实服务。

这便要求考生一定要关注时事热点，不是碎片化、八卦化、口水化的热点，而是那些有代表性的、反映时代精神、时代特点、现象级的热点，比如日本东京奥运会中能体现体育精神的案例、中国河南抗洪中反映时代精神的那些救援闪光点、张桂梅身上与时代脉搏相连的那些高贵品质、庆祝中国共产党成立一百周年中那些闪光的细节、张文宏医生身上的专业精神和媒介素养等。养成关注时事的习惯，这些时事积累便是面对一个话题并与之对话的资本。时事热点看多了，当看到某个命题时，会条件反射般地调动起"时事储备"，让写作带着一种与"生活当下"紧密勾连的对话气质。

对于平常的纸质书报和电子媒介阅读，不能光收藏和保存下来，那只是无效积累，因为碎片化的保存既记不住，也无法在使用时"调动"出来。要形成"可随时调用"的有效积累，必然得经常使用。当看到某篇文章里的一个好例子时，一定要找机会使用，只有通过使用，那个例子才会从"收藏夹"里的

三 思辨与议论

"死材料"变成可以随时使用的"活材料"。不仅要使用,还要与其他案例对话,看到这个案例,想到之前看到的另一个"相反的案例"。看到某个案例,想到某次保存的另一个相似案例。这种边读边想,以"让案例之间对话"的方式去记忆,有助于形成记忆的网状结构,就不会发生"水土流失"了,从而能在写作时随时调用,保持有话可说的"案例活跃状态"。

还有一个重要的积累方式,就是培养某种专长,用这种专长作为跟任何话题对话的"专业资本"。著名新媒体作家"六神磊磊"精读金庸小说,用金庸小说里的情节、人物和道理去阐释时事,金庸小说就是他的"本钱"。同样,如果你熟读唐诗,唐诗便是你跟其他话题对话的"本钱"。如果你把《论语》读得很熟,可以随时调用《论语》中的资源去论证观点,怎么会无话可说呢?如果你精通轮滑、象棋、围棋、足球或音乐,可以用这些运动或艺术中的文化资源作为"本钱",去跟生活和时代对话,这就是对话的资本。

语言学家塞缪尔·早川在《语言学的邀请》中也谈到过"无话可写"的状态,他说:"许多学生面对老师布置的作文题目,常常写不到老师规定的长度,因为他们只写了一两段就把全篇意思都说完了,这一点读者朋友想必都很熟悉。他们之所以会写不下去,是因为他们在头两段文字里下判断太多,所以后面也就没有什么可说的了。""下判断太多",没有论证意识,没有论证的案例和对话的资本,只能借助空话、套话、大话去填满长度,写出来的便是没有观点含量的"烂文"。

修辞想象力：论点角度"开挂"的思维支点

2022年高考前我做了一次题为"修辞想象力：议论文写作的加分技巧"的公益讲座，分享如何借助"修辞想象力"打开思路，锚定命题意图，找到角度落点。当时在各地的高考作文题出来后，我有一种强烈的感觉：这些题目都带着浓厚的修辞性，缺乏修辞想象力的考生，很难写好当时的作文。修辞想象力是一种站在命题的肩膀上拓展思域的思维方式，具备修辞想象力，考生就能从命题材料所包含的隐喻系统中延伸开来，找到自己的落点，由此及彼，举一反三，与现实对话，从而在思维竞争中得到高分。

我们生活在修辞中，修辞不是游离于语言之外的装饰品，而是人类体验世界、思维和生活的方式。人类的思维带有隐喻性，用施特劳斯的话说，"人本身就是一种具有隐喻功能的动物"。尼采甚至说，"没有隐喻，就没有真正的表达和真正的认识，认识不过是使用最称心的隐喻"。无论是高考作文，还是公务员考试的申论命题，或者某个评论选题，可能都包含某种隐喻修辞。如果你在审题时能看到这种隐喻，打开自己的修辞想象力，看到一种修辞背后有一个巨大的隐喻家族，写作的视角就打开了，就能在修辞想象力的"开挂"中展开独到的角度，也能拓展文章的深度，提高观点的观念水位，从而在同题竞争中胜出。

无论是给"匾额题名"的不同方法、"本手、妙手、俗手"的围棋术语，还是"双奥之城"的"跨越、再跨越"、"学习今说"的命题、对烟火气的思考感悟，这些高考作文题都包含鲜明的修辞内涵。我尤其喜欢 2022 年上海的高考作文题，"小时候喜欢发问"与"长大后看重结论"很有思辨性，二元的坐标之间包含了丰富的修辞想象空间。拿到这样的"修辞性命题"，在作为材料的本体中看到喻体，判断喻体所指，再对"喻体"进行延伸，对"喻体"进行再生产，并在现实生活中找到对应的"问题意识"，"故形立则章成矣"，文章大体就成了。

修辞想象力："喻体"的再生产

全国甲卷作文题："以《红楼梦》中'大观园试才题对额'为材料，众人给匾额题名，或直接移用，或借鉴化用，或根据情境独创，产生了不同的艺术效果。这个现象也能在更广泛的领域给人以启示，引发深入思考。请你结合自己的学习和生活经验，写一篇文章。"

大家知道当我看到这个题目时，立刻想到什么吗？我想到了哲学家培根，培根对知识生产有个分类，他以三种人们熟知的动物为喻，区分了三类知识生产的方法：蚂蚁非常勤劳，整天忙于把食物从外面搬回自己的窝里；而蜘蛛忙于吐丝织网，从自己的肚子里往外面吐东西；蜜蜂则忙于采花粉，吃进肚子里以后又把它们吐出来，酿造成蜂蜜。这说明，蚂蚁的方法是知识搬家，蜘蛛的方法是搜肠刮肚，蜜蜂的方法则是吸收、消化和创造。作家老舍这么阐释培根的话："我们不能学习蚂蚁，只当搬运工；也不应学蜘蛛，只知道从肚中抽丝；我们应该学蜜蜂，既采集，又酿蜜，在消化吸收后酿出甜美的蜂蜜。"

哲学家、思想家、作家都是有着强大修辞想象力的人，培根用一个修辞，就把知识生产的不同方法给说清楚了。字字有出处、照搬典故的"翼然"，搜肠刮肚、不知所云的"泻玉"，新雅含蓄、不落俗套的"沁芳"，不正对应着培根所说的"蚂蚁""蜘蛛"和"蜜蜂"吗？三种动物，对应着命题中的三种命名方法，这就是修辞想象力。三种命名方法，本身就是一种隐喻，三种动物是对"喻体"的再生产，恰到好处，使观点产生了一种修辞张力。

当然，不是非要找到培根这样的隐喻才叫修辞想象力，关键是要为"三种命名方法"的材料本体找到对应的"喻体"。显然，有审题能力的人会从材料中抓住"不落俗套"这个关键词，这既是命题意图，也是材料本体的关键所指。"沁芳"不落俗套，那么前面的就"落入俗套"了。"不落俗套"这个"喻体落点"，又可以延伸为"要有创新精神"。如果能延伸到"创新""创造"，思维就打开了。要有创新、坚持个性的勇气，不能墨守成规，要不拘泥于传统。要有创新的能力，创新不是盲目的，得有底气和积累的支撑，这样才能说服那些保守者。当然，还可以从贾政的视角来写，即要有对创新的包容和接受，等等。

作文材料引自《红楼梦》，如果在"整本书阅读"中真正读过这本经典，能结合《红楼梦》的情节和故事、人物的命运、整体的文学哲理去延伸，并结合当下现实，就更好了。如果对《红楼梦》不是太了解，用当下的现实跟材料去对话，也是可以的。

总之，修辞想象力不是天马行空地"乱想"，首先得准确地审题，从"本体"看到"喻体"，精准地把握"不落俗套""创新创造"的命题意图，在此基础上再进行修辞延伸和修辞再生产，才能让人感觉切题，才是合理的修辞想象和道理延伸。再拿天津卷的"烟火气"来说，"烟火气"是一种明显的修辞，对应的是什么呢？是"正常的生活""常态的生活"，如果你捕捉到了这个"喻体"，然后进行修辞的再生产，就有方向了。我们生活在"正常"中，往往看不到这种正常的价值，总是有很多不切实际的幻想，当真正失去时，才懂得珍惜。我又想到了另一句很有修辞意味的话："如果你今后从事实务型工作，请不要忘记头顶还有一片星空；如果你今后从事研究型工作，请不要忘记人间还有万家灯火。"

上海的作文题也包含明显的修辞性，"发问"与"结论"，不仅是日常某个话题的发问与结论，还取决于能不能延伸开来而使之更具普遍性，以及能不能看到两者在日常的关系。实际上，这个作文题立足于"鼓励好奇心"并不难，用"看重结论"

去衬托"喜欢发问",这很容易做到,多数考生都能想到。真正在"破题想象"上形成挑战的是,能不能辩证地看待"喜欢发问"与"看重结论":"问",得有"答";"答",是"问"所驱动的。当我们思考"喜欢发问"这个命题时,能不能找到这一修辞的对应物:"答"。

对此,我能想到的是,小时候"喜欢发问"与长大后"看重结论",除了教育所形成的思维习惯外(可以使用这种句式去填空:"一个人小时候喜欢发问,这个人长大后失去问的能力,更看重结论。"),实际还隐藏着一种"问与答"的包容、包含关系:一种发问,有"答"的呵护,才能保持"问"的好奇;一个结论,当有"问"的驱动,才能不断去回答。为什么我们小时候"喜欢发问"?除了好奇,还因为身边总有人耐心听我们的问题的人,哪怕再幼稚的问题,哪怕问很多遍,总有人耐心地回答,引领我们去探索答案。如果"喜欢发问",却没有倾听的耳朵,总是被粗暴打断——"这也问,什么都问,自己去看,别问了,烦死了,笨死了"。如果没有那个总是用眼神鼓励并"用结论回应的人","发问"是无法进行下去的。那个倾听并鼓励我们发问的人,就是这个题目中"长大后看重结论"的人,"问"与"答",是成长的生态。"生生之谓易",在儿时发问,长大后用生命的思考去"给出结论",那个"长大后看重结论"的人,既是小时候耐心倾听问题的父辈,也是长大后的自己,生命的繁衍和成熟,就是在"问"与"答"中生生不息。

沿着这种修辞想象继续前进:我们小时候喜欢发问,是因

三 思辨与议论

为我们身处那个被人保护的年龄,不需要做出选择,不需要给出答案,只要去问就行了,无忧无虑,反正有人"接着"。长大了,总是身处"被问"的境地,被孩子问,被老板问,被职业问,被现实问……长大了,很多时候就要为自己负责,就得做决定,下判断,并为之负责。这时候,当然得"看重结论"。一个社会需要"喜欢发问"的人,也需要"看重结论"的人。正如一个人不能总处于"喜欢发问"的年龄,他总得面对结论,得有下结论并为之负责的能力。打开修辞想象力,在二元对立间找到辩证的融合点,"问"与"答"有一种深刻的辩证关系,这种辩证才能形成对"非此即彼"的阻断。

因此,不是僵硬地捍卫"发问"或"结论",而是让概念形成互动。修辞想象力打开了,思维是不是上了一个台阶?

抽象与具象间的往返流转

全国乙卷的题目看起来很宏大,其实也考验着修辞想象力。材料是:"双奥之城,闪耀世界。两次奥运会,都显示了中国体育发展的新高度,展示了中国综合国力的跨越式发展,也见证了你从懵懂儿童向有为青年的跨越。亲历其中,你能感受到体育的荣耀和国家的强盛;未来前行,你将融入民族复兴的澎湃春潮。卓越永无止境,跨越永不停歇。请结合以上材料,以'跨越,再跨越'为主题写一篇文章,体现你的感受与思考。"

题目看起来简单,主题很鲜明,从"双奥之城"的跨越看国家的进步,考生似乎都有话可说,但要想写出新意,写出"与众不同",写出独到的呈现,是很不容易的。这考验的是"我"的角度,大的方向已经确定了,写"跨越、再跨越"中的进步,这个没得选,可以选、也必须选的是,从什么样的"小切口"去呈现这种"跨越",从什么样的横切面去落到"再跨越"这个主题上。

实际上,材料中有非常清晰的提醒:"见证了你从懵懂儿童向有为青年的跨越"——这是一个关键的提醒,也是容易被忽略的"题眼",即要有"你的视角",从"小我的跨越"看"大时代的跨越",这考查的便是"我"的成长与国家之成长的修辞互文。

米尔斯在《社会学想象力》中把这种"从个体延伸到社会"的心智品质看得很重要:"社会学想象力是一种心智品质,使人们透过杂乱无章的事实而发现现代社会的根本架构。我们的精神生活所具有的集体性,通常都远远超过个人性。一个拥有丰富社会学想象力的人,往往有灵敏的对话感官,用个人经验与社会结构进行对话。"就像学者项飙说的那样,"你一定要带入你个人的经验,否则其他东西都是飘着的,理解世界必须通过自己的切身体会。一定要对自己生活的小世界发生兴趣,有意识地用自己的语言把自己的生活讲出来"。

这个题目就考查着你对于"个体与国家"在"奥运跨越"这个主题上的想象力,即能不能用个人视角、个人故事"这一滴水"去呈现"国家发展"这个大主题。就像《我和我的祖国》那首歌呈现的:"我和我的祖国,一刻也不能分隔,无论我走到哪里，都流出一首赞歌……"越是宏大的主题，越需要"大题小做"，用"小我"去呈现和折射，然后再"小题大做"，用"大"与"小"形成一种往返流转、回味无穷的修辞张力。

修辞之道：找到对话互文的对象

2022年全国新高考Ⅰ卷作文题"本手、妙手、俗手"，很考验考生的思辨能力和批判性思考的深度，对于这个年龄段的年轻人，尤其有现实针对性。实际上，材料已经框定了观点主题："一些初学者热衷于追求妙手，而忽视更为常用的本手。本手是基础，妙手是创造。一般来说，对本手理解深刻，才可能出现妙手；否则，难免下出俗手，水平也不易提升。"即应崇尚"本手"，重视基本功，不能急于求成。

这个题目对考生的最大考验是，能不能在当下现实中找到能与这个道理形成对话的现象与问题。意义是明确的，但是该如何用这种意义去分析现象？哪些现象最能恰如其分地烘托、说明这个道理？必须言之有物，找到那个具体的、与道理形成对话的"物""象"。材料型议论文，有的是给出现象，让你提炼意义；有的是给出意义，让你找到可与之对话的现象和问题，体现道理的现实针对性，这个题目就属于后者。

我以前写过一篇文章，谈"做好每个阶段应该做的事"："学习的时候就专门学习，打基础，扎好马步，为未来的工作做充分的知识储备，而不是学习的时候总想着工作，做各种兼职和实习，过度职业化，荒废了学业；工作了之后，又想着要回学校去学习、充电、补课。如果总在这个阶段想着下一个阶段的事，抢起跑线，既容易焦虑内卷，也容易得不偿失。做好这个阶段该做的事，下个阶段才能好起来。"总之，要找到有现实针对性的对话对象。

北京卷的"学习今说"这个题目，要想写好并不容易，也需要"清晰的对话对象"。这个题目的关键点首先不在"学习"，而在"今说"。学习是一个老话题，为什么要"今说"？也就是说，要为这个老话题找一个"合宜之由头"，找一个"不得不说"的理由，从而体现"现实针对性"。"人生要不断学习"是一个有着高度共识的大道理，那么，今天为什么要重提这个有共识的道理呢？只有找到失去共识、具有争议的点，才算是成功的立意。比如，当有人持"反智""读书无用"的观点时，重申正确的观点便"有必要再说"；今天的学习跟过去的学习有很多不一样的地方，所以"有必要说道说道"。总之，要找到对话的对象。

再看上海的作文题，要论证"好奇心很重要"这个结论并不难，但如果仅仅把"鼓励好奇心"当成一个不证自明、没有论据支撑的结论，用几句空话套话或套路材料去套一下，这样的写作是失败的。议论文不是论述题，不是结论"正确"就踩对了"得分点"，需要"发问"的张力和用论据材料去论证的能力。能不能对"鼓励好奇心"进行再思考并赋予其新鲜的内容，能不能用这个命题跟当下时事进行对话，能不能不把"发问"和"结论"对立起来，考验着考生思考的深度。议论文如果空

三 思辨与议论　　157

有结论，就议论不起来了，需要用新论据、新材料把结论撑起来，才有可议论的空间，道理才能掰开来说。议论文写作总得有某种"新东西"去支撑，不是在"现成答案"中去填空，而是延伸"新材料"在思考中生成新观点，这样写出来的才是文章，而不是"论述题答案"式"正能量结论点"罗列。

需要在当下现实中找到鲜活的"由头"，锚定对话的对话，这便是议论文的"问题意识"。比如，我们可以在行文中针砭当下"网络过滤泡""同温室幻觉"这个现实：小时候人们"喜欢发问"，是因为确实不知道，"知之为知之，不知为不知"，是本能地去问。我们长大后会有"无知耻感"，说"不知道"会担心别人瞧不起，影响自己的形象，所以很多时候就含糊其词、假装知道，用一堆漂亮的废话掩饰无知；或者是坐井观天，生活在"网络过滤泡"和回音壁中。认识到自己的无知，是需要相当程度的知识的，科学与迷信最大的界限就在于，科学会说"不知道"，而迷信不会！关于现代人的悲剧，美国互联网观察家伊莱·帕里泽在《过滤泡》中曾谈道："伤害我们的不是我们不知道的东西，而是我们不知道'我们不知道'。它们经常删除其空白点，把已知的未知变成未知的未知，结果就是无知比知识招致了更多的自信。"

这不正是当下网络世界所显现出的乱象？有了这个问题意识，"善于发问""敢于发问""不知为不知"这些结论就有了现实问题的驱动。

修辞想象：批判性思维的高级呈现

修辞想象力，实际上不是"想象"，而是批判性思维的深刻体现，举一反三，由此及彼，否思深思，从而能够让人眼前一亮。

批判性思维的本质是什么？在我看来，是对判断的判断。普通人面对一个事物时，一般只能停留在第一个判断层次，即下判断——是好还是坏，对还是错，美还是丑——在惯性思维中未经深思熟虑地、轻率地滑向某个结论。而批判性思维能迈向第二个层次，阻断结论的平滑和轻率，能够"对判断进行判断"——某条新闻出现时，不是急于传播，而是问一句，真的吗？谁说的？有没有权威来源？你支持某个结论吗？——不是急于去支持或反对，而是看这个结论的前提是什么。比如，当很多人赞美女足时，王霜就很有批判性思维，看到了这种赞美的"前提"，她说："什么时候支持女足不是为了讽刺男足，才是真正的支持。"普通人听到"女生节""女王节"这些词时，很容易忽略背后存在的问题，有批判性思维的人才会思考这些词中所包含的消费主义修辞，这些"媚词"通过分层和区隔，消解了"妇女""女性"在群体和性别意义上受歧视的现实。

"批判性思维"之"批判"，常有人将其误解为"批评、否定和挑刺"，这是错误的。"批判性"是一种对判断进行再判断的程序，是一种对平滑结论的阻断，是一种对抗惰性、惯性、不思性的阻力，其本质是思考，让那些未经思考的结论都经受

"积极判断"的检验。提出疑问是"批判性思维"的一种方式，发问的过程就是思考的过程，就是一种回路和阻力，即这是经过我思考和判断的结论。

还是拿上海的高考作文题来说，如果缺乏批判性思维，很容易滑向一个别人喂养的结论，用非此即彼的"二元对立""一元结论思维"去"答题"。实际上，这个作文题似乎包含着某个很容易被解读为"命题者意图"的标准答案，即简单地去肯定"小时候人们喜欢发问"这个命题，在否定"长大后往往看重结论"中去肯定"小时候喜欢发问"，强调未知欲、好奇心、善于提问的重要，然后写一篇盛赞"好奇心""敢于发问"的文章。这样写当然没问题，但仅仅停留于初级的思维层次，是命题者锚定的立意，是"标准答案思维"，没有去"发问"，于是轻易便滑向庸常的"立意正确"。

批判性思维的特质是，用思维阻力反抗结论的平滑性，也就是说，你要有能力为"鼓励好奇心"这个简单结论增加阻力。比如，有人认为"喜欢发问"的"好奇心"对答案形成了干扰，而考试是有标准答案的，很多时候正是那种应试式的标准答案扼杀了好奇心。如果你在反驳这种观点中去捍卫好奇心，"鼓励好奇心"就有了一种阻断平滑的阻力，从而形成批判性思考。或者用当下现实中的某个新闻、某类现象作为案例来说理，例如为什么我们的火星探测任务叫"天问一号"，这也为结论增加了论证阻力。智识是什么？智识就是"有能力把答案变成问题"，加一个问号，在这个过程中才能获得新知，把观念和认知水位往前推进一步。

　　打开批判性思维和修辞想象，你便会柳暗花明、豁然开朗，在"喜欢发问"与"看重结论"这二维之间，还有第三维，即为什么发问？结论是怎么来的？两者之间有个关键的中介——"思考"。"思考"比"提问"和"结论"重要多了。发问应该是经过思考的，发问之后，有自己的思考，带着思考去寻找答案，结论是经过思考得到的，这样的提问和思考才有价值。如果一个人发问只是习惯性地质疑，并没有自己的思考，这样的发问只能叫"瞎问"。就像有些讲座后的提问，是为问而问，也是无疑而问，甚至有的是故意刁难别人凸显自己的炫耀性提问。如果一个结论是经过自己思考的结论，这种结论才是"增长了知识的结论"。我们小时候"喜欢发问"，并不意味着"能获得新知"，发问之后如果带着未知去探索，在好奇心驱使下去了解，才能在眼前打开一个世界。

　　用批判性思维对"喜欢发问"和"看重结论"层层推进，跳出二元对立，与现实对话，把结论变成问题，对判断进行判断，打开修辞想象力，大脑细胞达到活跃水平，接通各种神奇的"电路"，词语、思维、联想流畅地连接和运转，就能生产出新角度、新知识、新思想。

好评论"三字经":灵魂字、转折字、纵深字

关于写故事,作家曹文轩有一段妙语,他说:"所有的故事,都是从一个'可是'开始的。想要丰富一个故事,必须密切关注故事中'起承转合'的各种元素。独特的主题、语言、故事与讲故事的方式,是让自己的作文出彩的关键。只有去别人不去的角度,看别人看不到的风景,才能写出让人眼前一亮的文章。写作者在写文章时觉得'无话可讲'的重要原因,是在写作时只进行了扫视,并未进行凝视,没能看到生活中的细微之处。"

上面这段话说得很妙,故事需要引人入胜的情节,"可是"包含着一种对预期的打破,形成故事张力,成功支配和牵引了读者的注意力。写故事如此,新闻评论、议论文的写作更是如此,每一篇有价值的、能给读者带来思考的评论,都应该从"但是"写起。"但是"这个转折词,包括一种打破常规、看见不同、推进思考的批判性思维力量。说"但是"是有资格的,当一个人在说"但是"时,他的思考在既有的判断水位上已经迈进了一层,也意味着他有一个清晰的批判性思考对象。

"但是"这个对思维转折起关键作用的词让我想到,话语

与思维间存在密切关联。好的评论是深刻思维的产物，但思维是以怎样的方式支配写作的呢？思维不是抽象的，它总是会依附于某种具体的形式。本文总结了支配写作思维的三个"关键词"，我将其总结为"三字经"：这三个"关键词"背后的思维，决定着一篇评论的焦点、深度和结构黏性。思想住在"字词"里，关键性的"字词"里包含着丰富的写作规律。

评论的"干细胞"：结构灵魂字

美国新批评派代表人物兰瑟姆曾用两个形象的比喻将文本的结构分作两大类："极权政府"和"民主政府"。"极权政府"的文本只顾有效地执行极权（总目标）的职能和命令，将它的"公民"（局部和细节）看作是国家的机能部分，后者的意义要视其对政府总目标的贡献而定。"民主政府"的文本则充分发挥所有局部、个别细节的作用，尊重其"公民"各自的"性格"，并不一味地强调服从。那些细小的部分，有时候和那个大的"逻辑构架"有机配合，有时则呈游离状，各自独立。

按兰瑟姆的区分，诗歌、散文、随笔等文体属于"民主政府"，可以有自由散漫的结构，民主精神贯穿于细节关系中。而作为说理文体的评论，则属于"极权政府"，以说理和说服为中心，摆事实讲道理，必须有一个看得见的焦点和灵魂。道理、逻辑和论证，必须围绕这个锚点，服务于这个焦点，聚合于这个灵魂。我把这个锚定评论结构、提高写作效率的焦点称为"结构灵魂字"，找到这个关键词，写作便有了一气呵成的灵魂。

三　思辨与议论　163

比如这篇题为《生活不是爽文爽剧，很多道理熬过才懂》的评论，我在构思时找到了"熬"这个结构灵魂字，文章就有了锚点，围绕"熬"字形成结构张力："熬"不只是隐忍和悲情的煎熬，更有在努力奋斗中把生活过得有滋有味的炼熬：小火慢炖地熬、精工细作地熬，在"熬"里积蓄成长的力量，只有承担了风险并做出牺牲，那才是你的生活。文章写到了"感谢贫穷"案例中的熬、梅西夺冠的熬、专业训练中的熬等例子。历史学者桑兵说："长时间不断重复的、枯燥乏味的基础性练习，是培养兴趣逐渐变成内行的必由之路。"上面这篇文章纲举目张，修辞想象都围绕"熬"字的内涵而展开，包括"爽文爽剧"之"爽"，也是为了衬托和彰显"熬"的价值而存在。

这个"结构灵魂字"，很像生物有机体中的干细胞。人体形成于胚胎干细胞，一个细胞不断地分裂，它具有分裂出所有器官细胞的潜质，会分裂成肠、肝、脑……"结构灵魂字"就是这样一个干细胞，它能够"分裂"出一篇评论所需要的全部器官。

再比如这篇获得中国新闻奖一等奖的评论《微笑，并保持微笑》，触动读者的也是这个灵魂关键词：微笑。这篇评论发表于2001年非典最严重的时候，整个社会弥漫着对非典的恐惧。"微笑"，这个与"恐惧"形成互文的关键词，起到了一种治愈效果，摘要如下："前不久，一位朋友发来一条手机短信，用4个字首分别为SARS的英语单词对SARS进行了全新的诠释：Smile And Retain Smile，并注明它的意思：'微笑，并保持微笑。'在非典肆虐的紧要关头，这种不无幽默的另类诠释，不仅表现了一种智慧，也传达出老百姓在抗击非典过程中的生活态度和精神面貌。"

文章围绕"微笑"这个结构灵魂词进行了阐释："医生的微笑是一种坚定，在医生的药箱里，没有别的药品比微笑更能带来迅速、和谐的疗效。患者的微笑是一种信心，他们向外面的世界传达他们的状态时，会微笑着做出必胜的手势。大家的微笑是一种平静，大大的口罩更加突出了满含微笑的大眼睛。"结构灵魂字就像一个抓手，对结构形成紧凑的抓合力量，也抓住了读者的注意力。重要的词需要不断重复，结构灵魂字的不断重复，出现在标题、文首、段首、结尾，形成一种观念的强化，令人印象深刻。

观点，即"观看之点"，好的评论需要一个入射角，一个立足点，一个着力点，围绕着这个"点"形成聚焦。就像绘画中的"焦点透视法"，以画面中的一个点来将画面中的元素统一到一个透视平面上，在单点透视中，所有的水平线都会汇聚在这个视点上，物体的大小和形状随着距离的不同而发生变化，形成立体感。观点的纵深感，语言的深刻感，都是围绕这个点的"透视"形成的。

构思，很多时候就是寻找这个关键的"结构灵魂字"。我们构思一篇文章的写作角度的时候，往往都有这样的经验，在纸上画着画着，写着写着，写下某个词的时候，思路突然就打开了，然后激动地将那个字那个词画一个圈，就是它了！那个让我们激动地圈画的字词，就是结构灵魂字。我们之所以激动，

三　思辨与议论　165

就在于它提纲挈领地打开了思路，它不只是一个词，而是一种生成性的观念，足以撑起一篇漂亮的文章。写作的兴奋感、流畅感、雄辩感、全局把握感，需要一个结构灵魂字的驱动。

"未成文时题为梁，已成文后题为眼"，"结构灵魂字"既是架构起文章的梁柱，也是文章的眼睛。"结构灵魂字"不能只是文章开始或结尾某个灵光一闪、只言片语的"金句"，它必须是贯穿始终的、不断出现的、不断回荡在读者心中的，抽去了这个结构灵魂字，文章就断了魂、散了架。比如这篇题为《什么样的"丑东西"才会被夸可爱》的评论文章，"丑"与"可爱"的互文衬托是这篇评论的结构灵魂：人们能接受满怀梦想顽强打拼的"丑小鸭"，能包容有创意、有个性、自由洒脱、不拘一格的创造力，但不能接受指鹿为马、以丑为美、侮辱公众智商的伪艺术真审丑。美是给外人看的，越是亲密的关系，越能承受和面对"丑"，就像调侃和开黑只会在熟人间进行一样，"丑东西"拉近了人们之间的距离，制造了社交亲密度。这篇文章在"美"与"丑"之间形成一种思辨的张力，观点的灵魂在其中显现。

有些人写文章特别喜欢引用名家金句，但如果名人名言、名家金句没有被嵌入自己所写文章的结构灵魂中，别人的金句不是服务于你的"结构灵魂字"，那种引用就会让读者觉得很"隔"、很"两张皮"、很生硬，仿佛假牙、假肢、割出来的双眼皮那样让人觉得别扭。有了结构灵魂，围绕于灵魂的"引用"才能起到升华灵魂的锦上添花的效果。比如我在上面这篇关于

"丑东西"的评论文章中,引用了毕加索说过的一句话:"艺术是一种谎言,它教我们去理解真理。"这些"丑东西"之所以受到热捧,可能是年轻人的一种行为艺术,用日常生活用品的"丑"作为减压的艺术中介,在美丑对比中更好地去理解美,追求美的生活。文章引用毕加索的话,升华了美与丑的审美境界,服务于文章的观点,不只是掉书袋。

用"思维转折字"打破思维冻结

所谓惯性思维,就在于它依赖某种麻木的感觉自动性,缺乏反思。思考问题时,我们常常容易被别人带节奏,被惯性框架左右,跳不出来,找不好新角度,都源于被"麻木自动"的惯例所困。尼采说:"我们的眼睛就是我们的监狱,而目光所及处,就是监狱的围墙。"批判性思维就是引导我们跳出惯性思维,培养一种"在别人停止思考的地方再往前走一步""跳出惯性框架去质疑"的能力。怎么把思维往前推进?怎么打破惯性?这就需要"转折字"来帮忙。

把眼泪和口水先憋回去,让脑子去思考。"思维转折字"包括:等等,我不知道,我得查一下。前提是什么?来源是什么?谁说的?为什么这么说?这是事实还是"说辞"?有没有另外一种可能?这句话的背景和语境是什么?然后呢?为什么?用同样的论据能不能得出相反的结论?这些"转折字"能起到一种陌生化的间离效果,是阻止思维滑向惯性的一种方式。让自己停下来,用事实和逻辑去审视一下,避免接受一种"无思的答案"。我们的想、看、写都是负载着框架的,有着聚光灯的作用,照到哪里哪里亮,照不到的地方就是黑的,而当我们使用这些"思维转折字"时,批判性思维就启动了,能够照见思维的那些盲区。

"但是"不只是一个思维转折字,因为一个主体说"但是"是有资格的,这个"资格"就是看到不同的可能,只有当主体看见一个问题有不同的答案时,才能有一个宽广的认知坐标。缺乏批判性思考能力的人,可能根本看不出问题,无法从脑海里涌出"但是"二字。什么叫"日常"?"日常"就是循环往复,人们在无意识中重复某些行为,缺乏反思性。人们的思维冻结在这种日常中,把日常当成某种"理所当然"。可从来如此便对吗?"但是"便蕴含着这种跳脱日常、把某种习以为常的事物当成反思对象的思维转折。

评论的观点深度和思想美感,也包含在这个"但是"中。人们在面对一个论题,构思如何表述观点的时候,能不能冒出这个"但是",是有没有形成问题意识、有没有迈上某种思维高度的关键标志。在谈到批判性思维时,一位外国学者觉得,很多中国学生缺乏这种高阶认知思维,呈现出典型的"三无":无问题、无想法、无论证。虽然他的观点有些绝对,但"三无"反映出的深层问题,就是人在思维的过程中脑子里冒不出一个"但是",总是停留于"是是是""差不多""都一样""你说得很对""已经非常不错了""过去不都这样吗"的麻木自动性中,此时的思维是平滑的,缺乏"延迟判断"的思维转折所产生的阻力，轻易就滑向一个熟悉的、浅层的、庸常的、无思的判断。

评论不是找到一个标准的正确的答案，"正确答案"对评论这种具有思想性的文体来说，只是"死水"。好评论需要摆脱"死水"，溅起思考和思想的"水花"，在人心中泛起涟漪，增进人们对一个问题的认知深度。"但是"就是扔一个石子、泛起水花的思维标志。

掌握思维转折字，便能很好地驾驭评论写作的结构。转折字就是文章段落中连接段与段之间、体现段落关系的关键词。比如，"然而"这个词，如果一个段落的开头出现了"然而"，我就知道了，这一段与上一段之间的关系是"转折关系"。这种"转折字"非常重要，就像一个路标，清楚地告诉读者自己的论证思路、论点之间的关系，以及怎样一步步地得出结论。

这种"转折字"最大的好处是让文章的逻辑非常清晰，段与段之间联结得非常紧凑，有节奏感，不会让读者走神或者产生阅读"短路"和阅读障碍。同时，它替读者节省了时间，让读者不需要费力去猜写作者的逻辑关系。新媒体时代的读者有太多的选择，如果读得不顺，就会放弃阅读。读者阅读时最大的特点就是"不会回头阅读""不看第二遍"，你必须保证你的写作让读者读得很流畅，一遍就能很顺畅地读下去，从而把时间花在品味你的观点上，而不是耗在理解文章中段与段关系的结构迷宫中。

加这个"转折字"，还有一个好处，就是你不用担心思维会飞出你的掌控，转折字，转来转去，总会转回来的。读者会顺

三　思辨与议论　169

着这个路标,找到你的逻辑,最后找到"回家"的路,不会离题万里。

鲁迅的评论有一个特点就是善于使用转折字。有人这样评论鲁迅的文章:"他的笔常是扩张又收缩了,仿佛放风筝,线松开了,却又猛然一提,仿佛开水流,却又预先在'下'流来一个闸,一张一弛,使人的精神有一种愉快。"读者的思想,先是随着驰骋,却终于兜回原地,也是鲁迅所指定之所。

鲁迅是用什么方法取得这种效果的呢?评论家李长之认为,秘诀就是鲁迅对转折字的妙用。他用什么扩张人的精神呢?就是这些词:虽然、自然、然而、但是、倘若、如果、却、究竟、不过、譬如、而且……这些转折字用一个,就引人到一个处所,多用几个,就不啻多绕了几个弯子,这便是风筝的松线。可是在一度扩张之后,他收缩了,那时他所用的,就是"总之"。你看,文章一下子就收回来了,借用转折字,收放自如。

转折字,其实就是文章结构的框架,一方面、另一方面、然而、总之,这就是框架。你在搭框架的时候,就是构建层次和关系,如何体现关系呢?就是这些转折字,是并列关系、递进关系、转折关系。有了转折字,文章不会写废话,也不会出现逻辑上的断裂,因为逻辑一断裂,你就不知道下一段开头那个转折字写什么了?开头那个转折字,就是提醒你要想想现在所写的内容跟前面的关系。

转折字也可以提醒你,写文章不能太绕弯子,就像风筝的线不能放太长,放太长了,容易绕着,容易断了,容易收不回来。一篇文章，用两个"然而"，说明你的文章绕了两个弯子，可能就让人费解了，回路太多，读者的理解就跟不上了。我建议，一篇评论最好只用一个"然而"转折一下，不要超过两个"然而"，超过两个，读者就觉得太绕了。

比如，这个观点是对的，然而，换一个角度看，它其实是有问题的（嗯，挺好，可以理解）。如果你再加一个"然而"，你说，"但，其实也不算什么问题，换个角度看也是可以理解的"。读者就被你搞晕了：你倒是说清楚啊，它到底有没有问题呢？用转折字，就是提醒自己，逻辑要尽可能简单直接，不要有太多的回路。一篇文章如果需要借助太多的转折字，说明逻辑不太顺，需要化繁为简，应在结构层次上做减法。转折字就像写作者的一个拐杖，可以很好地帮助写作者理顺逻辑，如果逻辑本身很清楚，可以不用这个拐杖。

用"逻辑纵深字"驱动表达深度

肤浅的评论，浅就浅在"面面俱到"。深度好文，要避免全面铺开，而要向纵深去挖掘，锚住一个点，层层推进，形成观点的景深。"景深结构"的对立面是"平面结构"，也就是"肤浅的全面"，既要、又要、也要、还要、都要，对一件事的评论像摊大饼一样平面铺开，经济学角度、传播学角度、法律角度、社会学角度……平均用力，这些角度各自独立地"掰扯"，每一点都是浮光掠影、点到为止，便是肤浅的面面俱到。评论写作中的平面铺开，只能让观点在低端环绕，无法在纵深推进中拓展观念的水位。

比如，一篇评论网暴的文章，如果在法律、道德、舆论、平台责任、监管视角等方面平均分配300字，凑成1500字的文章，这样的评论只能叫"废话篓子"。锚住一个点，比如围绕"用法律的牙齿宣示，网暴没有一丁点儿正义性"这个层面写1500字，大题小做，才会在这个话题上"打出深井"。《文心雕龙》"论说"篇曰："论也者，弥纶群言，而研精一理者也。""弥纶群言"即了解各方观点，然后"研精一理"，锚住一个角度，这样才能"钻坚求通，钩深取极"。舍弃"多"，抓住那个能够"一剑封喉"的"片面"去圆融论证，才能有深刻的洞见。

那么，如何才能让观点向深处推进，形成景深结构呢？有一个简单的方法，我总结为"逻辑纵深字"，类似于前面的"思维转折字"——"思维转折字"是阻止自己的思维被习惯冻结住、滑向惯性，"逻辑纵深字"有类似性，又不同。如果说"肤浅的全面"的语态表达是既要、又要、还要、都要，平面铺开，那么"片面的深刻"就是这样的语态结构：必要、更要、只要、而要、才是、更是、而是、并非。我们可以注意到，更要、才要、而要，这些表达里包括一种向前推进的"逻辑纵深"力量。"而要"意味着一种舍弃的力量：不要那个，而要这个。当你说"而要""更要"的时候，意味着你的逻辑已经在"不要"这个层面上向前推进了一大步。比较"这是梁思成眼中的北京城"与"这才是梁思成眼中的北京城"，"才"字包含着一种否思的逻辑深度和问题意识。

比如说一篇评论，题目叫《警惕"大棋论"，更要做好信息透明发布》，标题的表达就包含着一种逻辑纵深驱动，针对的是一些地方拉闸限电，一些自媒体营销号一惊一乍地说，这是我们在下一盘大棋，重新布阵能源格局，云云。这篇评论并没有把焦点放在批判"大棋论"上，而是思考这样一个问题，为什么会出现"大棋论"？更重要的不是批评限电，而是做好信息透明发布。这就把问题向前推进了一步，呈现出了某种认知深度，评论没必要面面俱到，以"更要"锚定一点即可。

再看另外一篇评论，针对"非物质文化在抖音很火爆"这个话题，评论称："传统也在拯救着互联网。"一个"也"字就在逻辑上凸显了深度，为什么说"也"呢？逻辑前提是，很多人都说，对似乎陷入失传困境、只能在博物馆看到和听到的传统艺术门类而言，互联网就像那扇打开的窗，是互联网拯救了传统，是技术让传统获得了新生。而作者看到了更深的层面：不要低估我们的传统，传统也在拯救和滋养着互联网，赋予网络以文化生命，让技术有了人文光泽和精神内核。事实上，互联网和新技术在造福社会的同时也背负着一些道德骂名：例如，毒品软件、娱乐至死、毁掉思想等，因此，也正是传统文化从娱乐至死中拯救了互联网。文章所体现的这种认知，就是思维的景深和纵深。

"平面结构"的标志是，标题中喜欢用"与""和"这些字，表明结构关系是横向平面并列的，没有纵向推进。"也""才""而"这些字才像锥子一样，才能钻得深。首先、其次、

三 思辨与议论

然后之类，提示的结构关系也是平行的。有人开玩笑说，领导讲话特别喜欢"我就讲三点"。讲两点呢？显得认识不够，讲四点呢？显得啰唆了。三点、排比、整词儿，这些习惯多数是源自"十景病"。当然，"三点"也是可以的，但要有深度关联，有逻辑关系，后一个问题是由前一个问题派生出来的，可以聚焦到一个角度，而不是硬凑出来的三点。写作时锚定一点，专业专一，深掘深钻，才能见到思维的质感和纹理。

写作千万不能把"全面"当优点，"全面"往往是掩饰肤浅的最后避难所，宁要片面的深刻，不要肤浅的全面，因为肤浅的全面只能让观点在低端环绕，拉低话题的认知水位，停留于低层次写作。写作不是全面看问题、不是系统地分析、不是跟读者把这事儿好好"掰扯"一下，也不是论述题。"穷于有数，追于无形，迹坚求通，钩深取极"，有效率的评论表达，就是对"一"的驾驭。如果没有"一"的约束，观念就没有进步，谁都可以讲很多，如果都从亚当夏娃讲起，就没法交流了。一篇评论文章，如果每一段都可以拿出来单独做一篇评论，便是一篇失败的评论，因为这说明每一段都没有说深，都留有很大的空间。如果拿掉一段，文章的完整性出现问题，则说明逻辑很严密，论证环环相扣。

评论所需要的全面，是在一个"点"上的全面，而不是铺开一个"面"，不是摊大饼式的全面，不需要宏观上的全面，需要的是微观角度上的全面。比如关于性教育的话题，如果在宏观层面谈，恐怕一本书的篇幅都无法谈得很全面，更何况一篇千字左右的文章？因此，只能找一个点去驾驭这个话题，从孩子的角度看教科书，或从"勿把无知当纯洁"这个角度，谈性教育的文化和观念障碍，用一滴水去见阳光。尝试找到能折射出阳光的那"一滴水"作为角度，而不要尝试"抓住阳光"这种宏大叙事。写作评论要学会用"角度"驾驭话题的"全面"，不要被全面所稀释，不要被各方观点、各种阐释所淹没。如果一个事情所引起的争议比较大，我们在写作时就很容易陷入"双方都有一定道理"的平均分配中，那么，你就失去了对争议话题的驾驭，纠缠于全面，被争议、冲突和平衡所覆盖了。

别动不动"我就说三点"了，能不能只说一点？训练自己锚定一个角度、围绕一个点说 5 分钟、写 1000 字的能力，避免一个问题在不同层面平均用力和罗列观点，舍弃"多"，抓住"一"。写作应摆脱"观点要全面"的负担，在坐标系中找到自己的方位，在"更要""必要""而是"的逻辑纵深驱动中做一块有价值的拼图。

高考作文反大道理，向生活下沉

（2023年高考作文命题解析之一）

"美是理念的感性显现"——这是2023年全国高考各卷作文题瞬间刷屏后，我脑海里冒出的一句话，这是黑格尔对"美"的经典阐释，2023年各卷的高考作文题，不约而同地呼应了黑格尔的这个命题。要想写出一篇高分作文、一篇有议论美感的深度美文，必须充分调动起自己的思辨和修辞想象力。我注意到，与往年不一样，2023年的几个作文题中都有这样一句话：以上材料引发了你怎样的联想和思考？这种联想，就是"抽象理念"与"感性生活"间的联系想象：能不能在修辞想象中让深刻的道理以感性的方式显现出来？能不能找到有代表性的"明证"？能不能发掘到有深刻表现力的意象？

以故事的方式呈现故事冲击力

新课标Ⅰ卷就特别考验这种审题美学和修辞想象："好的故事，可以帮我们更好地表达和沟通，可以触动心灵、启迪智慧；好的故事，可以改变一个人的命运，可以展现一个民族的形象……故事是有力量的。以上材料引发了你怎样的联想和思考？

请写一篇文章。"

面对这个题目的写作邀请,如果你只是在抽象层面阐释故事的重要、故事的功能、故事对人的启发,以及讲好中国故事的必要,那么,这样的作文是得不到高分的。要写好这篇关于故事的作文,你必须讲一个故事,以故事的方式去呈现故事的生活冲击力、思想启迪力、国家形象表现力。

这个题目,主要是考验考生"讲故事"的叙事能力,在叙事中自然彰显故事的冲击力,而不是"阐释故事力量"的观念能力。故事的力量要通过故事本身去直接体现,"启迪智慧"要蕴含于故事的叙事中,故事讲完了,道理自然就浮现了,"上价值"是水到渠成的事。讲故事的诉求,本身就是"反大道理"的,拒绝粗暴地直给结论,讲究以故事为对话中介,潜移默化地让读者"参与并得出结论"。

"美是理念的感性显现",这个作文题是特别容易出"深度美文"的,因为,故事本身是诉诸感性的,但感性中又有深刻的理念。如果让我写,我会写这样一个小故事对我产生的情感冲击,让读者看到边防军人的奉献。我在《中国青年报》上发表过一篇写军人的特稿:《我站立的地方》。文章开头通过一个小故事,让"奉献"这个词具象化:"他见过封山之苦:一名战友的父亲患病,等到春天冰雪消融,第一辆邮车送来一摞电报,惜字如金的电报概括了父亲发病到病危的全过程,每一封都求他'速归'。"短短的描述,在人的内心掀起巨大的情感波澜,让读者对军人肃然起敬,这就是故事的冲击力!

三 思辨与议论

写关于"故事的力量",作文开头可以有千万种,但每篇关于这个主题的优秀作文的开头,应该都能还原成这样一句话:"想起那个故事,我至今仍能泪流满面(时隔多年,那个故事时常浮现在我的脑海)。"

在议论文或作文写作中,很多学生特别热衷于讲大道理,上价值,喊口号,空洞地拔高,却举不出一个具体的案例。而写作中的"上价值",如果没有充分的案例下沉、故事下沉、感性下沉,没有几个可以眼观、耳听、鼻嗅、手触、身感的典型细节作为铺垫,那么,这种"上价值"是无效的,必然充满让人排斥的说教味。

美且深刻的议论文、评论写作,须包含两个层次:其一,把抽象概念打成生活的碎片,赋予抽象符号以直观、感性的亲切感,这是美感的基础。其二,把生活碎片融合为抽象概念,赋予其一种秩序和意义,这是文章得以写得深刻的基础。好的文章,好的故事,好的评论,是在具体的生活中追寻抽象理念的可见性,应避免坐着大道理的"纸飞机"在空中飞来飞去。举例子、讲故事、谈体验,对于写作来说,是一种必要的"意义回译",在经过抽象之后,返回生活、生命、生存的具体直观之中。

高中议论文写作如果深陷于"大道理"中,讲不属于自己这个年龄的道理,认知和生活撑不起道理,必然空洞无物,面目可憎,假话大话空话套话连篇。近年来的作文命题,包含着一种反大道理的总体倾向,回到生活,回归地面,把自己的生活、故事、联想作为方法,在感性呈现中看见"理念的美"。

总体来看，2023年各卷的作文题，都包含着这种对具体生活场景的修辞想象，邀请考生去思考自己的生活，与自己的生命体验展开对话，而不是内卷于大道理中。例如，如何看待"一花独放不是春，百花齐放春满园"这个命题，如果世界上只有一种花朵，就算这种花朵再美，那也是单调的。一花独放与百花齐放，花的修辞能唤起你关于生活和道理的哪些修辞想象？这就需要调用自己的生活和日常体验。"人们因技术发展得以更好地掌控时间，但也有人因此成了时间的仆人。"这句话引发了你怎样的联想与思考？你要善于反思自己与技术、时间的关系，反思"自己的时间去哪儿了"，手机、短视频怎样夺走了自己的时间，技术是以怎样一种方式"剁手"的？

又如，北京卷的"续航"和"亮相"话题。"航"作为浓缩的修辞情境，隐喻着丰富、多元的意义场景，对应着日常生活的很多方向，我起码能想到这些续航：生命、传承、延续。比喻用到点子上所带给我们的喜悦好比在一群陌生人中遇到一位老朋友一般，因为人类的思维就是隐喻性的，尼采甚至说，"没有隐喻，就没有真正的表达和真正的认识，认识也不过是使用最称心的隐喻"。"续航""亮相"之类的隐喻源于生活，命题是让你"将隐喻还给生活"，要写好高考作文，必须有道理与生活、抽象与具象、理念与感性的对话，在对话延展中体现思辨深度和人文美感。

代表性的"明证"与意义的回译

一篇好的议论文，不仅需要一个好的观点立意，一个好的角度,也需要一个能最好地体现这个立意的案例,即"代表性的明证"。所谓"明证",就是无须多言、自身明了的例证,案例本身有一种不用概念推理、"以自身被洞见"的通透力量,道理蕴含在那个例证之中,读到那个例证,道理也就"完形"了。

举个例子,我让同学们写一篇关于"方向比努力更重要"的文章,论证上面这个道理,意思是不能只是埋头努力,找到方向的努力才能事半功倍。有同学举了下面这个案例,仿佛是为这个道理量身定做的:"一位著名的美国科学家,曾进行了一项试验:他在两个玻璃瓶里各放进了5只苍蝇和5只蜜蜂,然后将玻璃瓶的底部对着有光源的一方,而将开口朝向暗的一方。几个小时之后,科学家发现,那5只蜜蜂全部都撞死了,而5只苍蝇早就在玻璃瓶后端找到了出路。素有'勤劳'美名的蜜蜂为何找不到出口?科学家经过研究发现,蜜蜂通过经验认为有光源的地方才是出口,'光源'是蜜蜂的逻辑,它们认定了'光源'的方向就不改变。于是能够透过光源的玻璃显得那么的不可逾越,蜜蜂在一次次不变方向的试探中自取灭亡。而苍蝇乱飞,撞到玻璃就会改变自己的方向,于是总有机会飞出玻璃瓶,最后苍蝇全部都跑了出来。"

看到这个案例,读者可能会"脱口而出",这不就是"方向比努力更重要"吗?好案例,好故事,贴近的论据,就有这种让道理"脱口而出"的彰显效应。

"人们因技术发展得以更好地掌控时间,但也有人因此成了时间的仆人。这句话引发了你怎样的联想与思考?请写一篇文章。"联想与思考，某种程度上就是对生活的联想，从生活中找到"技术本让人掌握时间，有人却反成为时间的仆人"的明证。这让我想到传播学家麦克卢汉的一个睿智判断："媒介是人们肢体的延伸，帮助人们克服了肢体的物理局限而延伸到远方。但如果人们不善于使用媒介，反被媒介使用，媒介不仅起不到延伸肢体的功能，反会有'截肢'效果。"比如手机，本是为了帮助人与远方建立链接，延伸我们的眼睛、手、嘴、耳朵所具有的功能，但如果沉迷于手机，时间被手机里的垃圾信息支配，人就被手机所"截肢"了。手机"延伸肢体"与"截肢"，就是一个"代表性明证"，一种能深刻体现这个作文命题的"联想"。

不能把议论文仅理解为"发议论、讲道理"，而要"摆事实、讲道理"。深刻的意义和道理，往往不是讲出来、论证出来、逻辑推演出来的，而是通过"例证和经验"的联想，让人直接地感受到的。深刻的道理，一定要有细节、血肉的例证支撑。

有美感的文章，一般有四种举例的方式，"言对"是最简单的（所谓言对，就是"排比"，看起来很有气势，其实很空洞，撑不起道理）。"事对"比较难，也就是举个具体的事例，是比较难的。"反对"为优，是指举一个反面的案例，是最优的，因为反例更有一种论证的张力和否思的力量。而作为"正面案例"的"正对"，是次一等的举例。好文章，正反例的对话，本身就有一种强大的说服力。

我们的学生在"举个例子"上似乎存在很大的写作障碍，

日常训练过于注重"言对",也就是"整词儿",写作中使用那些看起来高大上的词,容易使文章空洞无物。参与高考阅卷30年的北大中文系教授漆永祥讲过一件事,有一年北京卷微写作的题目是"给你的师弟师妹谈你语文学习的体会",一个孩子写得跟歌词一样:"语文就像是一首歌,语文就像是一首诗,是一股从山间流出的淙淙清泉,它滋润着我们的心田,给我们以快乐与愉悦。语文伴随着我长大,是我生活中的好朋友,我欢乐时它和我分享,我失意时它给我勇气。我喜欢语文,它充实了我的学习,装点了我的生活,给了我无限的期望,我会永远热爱语文。"这篇作文因为文句优美,如行云流水,而且该考生又写了一笔秀美的书法,获得了不少阅卷老师的青睐,同意给高分甚至主张给满分者不在少数。但漆永祥认为这篇小文最大的硬伤是文不对题,没有回答"学习语文的体会",所有句子都"似曾相识",却不知所云。如果把此文中的"语文"换成"音乐""数学""物理"与"化学",然后诵读,竟也文从字顺,可吟可歌。这种华而不实、大而无当、文不切题的"颂歌",其实只能给3分。

就拿"时间的仆人"这个命题来说,关于"做时间主人",要充分调动对日常生活的想象力,去彰显"主仆"的对比。关于这个命题的道理,几句话就可以讲清楚,文章的差距,体现了对生活的联想与案例的调用上。动人的美文,触动情感深处的观念,离不开"感性的呈现",比如那篇著名的《奥斯威辛没有什么新闻》,触动人心的都是让残忍跃然纸上的可视化细节:

"参观者注视着堆积如山的遇难者的鞋子。一看到玻璃窗内成堆的头发和婴儿的鞋子,一看到用以关押被判处绞刑的死囚的牢房时,他们就不由自主地停下脚步,浑身发抖。一个参观者惊惧万分,张大了嘴巴,他想叫,但是叫不出来——原来,在女牢房,他看到了一些盒子。这些三层的长条盒子,6英尺宽,3英尺高,在这样大一块地方,每夜要塞进去五到十人睡觉。解说员快步从这里走开,因为这里没有什么值得看的。"

举例的过程,是评论类文章中一种必要的"意义的回译"。道理的形成包括凝练和抽象的过程,原先直观形象的东西,被浓缩到道理中,你再去阐释、议论、分析这个道理,要让人易于接受,就要对道理进行"回译":返回让道理成为道理的有机生活,让它被更直观地看见。生活中蕴藏着丰富的道理,道理源于生活,议论文写作就是一种"道理向生活的回译"。

"回译"提醒我们,写议论文的时候,不能在讲道理上闷着头往上走,要往下走,情感下沉,道理下沉,回到道理所栖息的日常生活,对生活、生命的世界有具体的、感性的、物质性的认识。高中生的议论文容易写得"非常空",就在于把作文当成了"论述题",闷头论述,没有能力回到鲜活饱满的生活。经验撑不起道理,议论超过生活半径,就会显得非常空洞。日常的应试,容易令人忽略对丰富生活的体味、观察与批判性思考。2023年的作文题都强调"你有怎样的联想和思考",天津卷甚至直言"结合自己的体验与感悟",就是矫正那种闷头空发议论之风,鼓励考生面向真实、感性、元气淋漓的生活。

"美是理念的感性显现"——好作文需要生活意象
（2023年高考作文命题解析之二）

言论或议论文写作，是一种与公共相连的有机文体，什么叫有机？就是"思想跟现实经验对得上号"，用社会学学者项飙的话来说："你一定要带入你个人的经验，否则其他东西都是飘着的，理解世界必须通过自己的切身体会。一定要对自己生活的小世界发生兴趣，有意识地用自己的语言把自己的生活讲出来。"这不正是高考作文命题所要求的：你有怎样的联想和思考？请任选角度，结合自己的体验与感悟，写一篇文章。

"美是理念的感性显现"，好作文不能丢了自己的体验，讲理要善于以生活意象为中介，去彰显深刻立意。

美即意象：以意象为中介彰显立意

李商隐的众多诗篇中，我最喜欢他的《锦瑟》，读来有一种不明觉厉的美感："锦瑟无端五十弦，一弦一柱思华年。庄生晓梦迷蝴蝶，望帝春心托杜鹃。沧海月明珠有泪，蓝田日暖玉生烟。此情可待成追忆？只是当时已惘然。"少时我只是觉得这首诗美，说不出来它为什么美，后来细品，感受到其中的意象所包含的深刻意蕴：庄生梦蝶、望帝啼鹃、沧海月明、蓝田日暖，这些经典意象的铺垫和延宕，让"此情可待成追忆？只是当时已惘然"更有了动人心弦的力量。

"虚体之物为象，实体之物为形"，美学家叶朗说，"美即意象"，让人觉得美的东西，总有一个可感、可视的意象。宗白华先生也说，"象如日，创化万物，明朗万物"！所谓"明朗万物"，就是照亮了你的立意与素材，一篇好的议论文、评论，应该有一个清晰的意象，去显现立意。2023年各卷的高考作文题，命题所指，也特别考验考生构造意象的能力。故事触动心灵、启迪智慧、展现民族形象，需要找到一个恰当、美妙、会意的意象。

中国文化的表达里，美与妙常连在一起，是为"美妙"，妙极。阅卷老师看作文，被触动的，也常常是那种妙的意象的彰显。有研究表明，西方人更容易被形式逻辑、严谨的论证推理说服，而中国人更容易被形象直观的"意象"说服，在中国人的语境中，任何一物，只要有了"象"，就活了：物象、景象、心象、意象、气象……象，既具体直观，又关联到本质。构思，很多时候就是找到一个美妙的意象。

"3·21"东航MU5735航班飞行事故发生后，舆论沉浸在生命逝去的感伤和幻灭中，一篇评论中的"意象"，很巧妙地表达了这种公众情绪，题目叫《坠机现场，蝴蝶证明你来过》："那是空难后的第八天，广西南宁市消防救援支队何万伟无意间拍下的。何万伟在事故核心区东南面的山坡上搜寻时，突然发现地面上停着一只黑色的蝴蝶，盘旋许久不愿离去，他用戴着蓝色手套的手小心翼翼地将蝴蝶捧起，停了一下，蝴蝶才振翅飞远。"在中国，蝴蝶有着特殊的寓意，如化蝶，即意味着死亡并不是终结，而是另一种形式的转换。蝴蝶让何万伟想起了几天前，在事故核心区被搜救人员捡到的那个黑色的蝴蝶结发圈。一名网友从央视直播的搜救画面中看到这个沾满泥土的发圈后，辨认出它跟女友戴的发饰高度相似，边上都镶着一圈小水钻。他难过地在网上留言："平时你胆子那么小，还有下次的话，让我来……"

通讯《牺牲》写的是天津港大爆炸中消防员这个群体令人痛心的牺牲，开头也抓住了一个表现"牺牲"的典型意象：侯永芳在零点之前接到了一个电话，屏幕显示是儿子的号码。她对着电话喊了半天，电话那头始终没人说话，只有一片嘈杂，连呼吸声都听不到。第二天她的世界就塌了。8月12日晚，她的儿子甄宇航在天津一处危险化学品仓库的爆炸中牺牲，距离22岁生日只有一周。甄宇航当了4年消防兵，每次出警返回，习惯给母亲报个平安。现在，哭成泪人的侯永芳知道，那个沉默的深夜来电，用尽了儿子最后的力气。"沉默的深夜来电"，这一无声胜有声的意象包含着一种让母亲撕心裂肺的穿透力，令无数人泪洒互联网。

王弼在《周易略例·明象》中谈到了象、意、言三者的关系："夫象者，出意者也。言者，明象者也。尽意莫若象，尽象莫若言。言生于象，故可寻言以观象；象生于意，故可寻象以观意。"什么意思呢？意象是凸显立意的一个关键中介，有意象的文章，能四两拨千斤，唤起读者的内心视觉，让立意跃然纸上，直抵人心。

人们常说"一分为二"，哲学家庞朴提出了"一分为三"，在"形而上"的"道"与"形而下"的"器"之间，还存在一个"象"，庞朴称之为"形而中"，并且认为艺术就建立在"形而中"的"象"的基础上。这个"形而中"很妙，洞见艺术的本质，找到一个催发情动的动人意象，文章就有了艺术性。我们的高中生，思维往往停留于"极大"与"极小"之间，要么特别形而上，上升到很高的道理上，不着边际，空洞无物。要么特别形而下，琐碎、细微，缺乏形而中的思维训练，即对意象的提炼与想象。

有人说，任何心智都不能想象没见过的东西——应试模式追求标准答案，导致学生的视野过于狭隘，意象想象力原本就很匮乏，所以议论文举例总是那几个例子，比喻超不出那几个比喻，意象的表达千人一面，表意空间极为狭窄：爱国就是国旗，奉献就是牺牲，时间就是金钱，辽阔就是大海，父爱就是背影，离别就是杨柳，努力就有回报。八股式的高考作文，就是由贫乏的意象堆砌出来的。

"一个人乐意去探索陌生世界，仅仅是因为好奇心吗？请写一篇文章，谈谈你对这个问题的认识和思考。"如果"陌生"这个词激起的意象只有"好奇心"，是很难写好这篇文章的。探索陌生，跳出熟悉，打破舒适，更意味着一种勇气。探索陌生还

三　思辨与议论　187

意味着智慧，认识到自己的无知，是一件需要相当知识容量的事情。对于"陌生世界"，需要一个具体意象，比如航天科技、生命科学、遥远的星空，或者是去远方旅行、去国外读书、理解不同人群，将"陌生世界"这个抽象的词降维，变成生活中的碎片意象，才能找到驱动你去探索陌生的力量。

"故言者所以明象，得象而忘言。"抽象，是对事物的距离，是一种"脱离特殊事物"的方法（如"陌生世界"就是抽象的），而意象，是找到回家（生活）的路。

把"个人生活"作为讲理方法

漆永祥教授以自己30年的语文阅卷感受说，他在中学反复强调，让孩子们大胆地写自己。他很反感那些"套路案例"，例如高考作文中常见的有"四大金刚""四大护法"，从初一写到高三就这四个人：莎士比亚、王昭君、拿破仑、孙中山，古今中外四个人，写议论文也是，写记叙文也是，无论写什么用的例子都是这四个人。而高考作文的真正用意是，无论是讲故事、联想，还是结合自己的体验与感悟，这些作文命题，都是鼓励"大胆地写自己"。

学者王鼎均写过一篇文章，题目叫《文章是自己的好》，什么意思呢？不是文人自以为是，认为只有自己的文章才好，而是善于在文章中"写自己"，写自己独特的体验，自己的思想，自己的情感，自己的真心话，而不是写人家的、抄书本上的话。它由作者的内心发出来，是喉管上的一根刺，不吐不快。文章的材料不是外在的，而是在作者自己的血肉和心灵里。用学者项飙的话来说，叫"把自己作为方法"，善于把个人经验问题化，将个人的经历和故事作为某种桥梁，成为提出问题、产生问题的一种介质。

作家毕飞宇有一篇文章，题目叫《救灾只是一个开始》，文章开头讲了家人的经历："我的太太自幼丧父，在灾难面前，她一次又一次流泪。可是，我的太太告诉我，对于失去了父亲和母亲的孩子来说，现在还不是最为痛苦的时候。我问她，什么时候最痛苦？她说，在青春期，主要是黄昏，她会在放学的路上突然产生幻觉——爸爸回来了，就在巷口，就在电线杆子的旁边。她清清楚楚地知道这是不可能的事情，但是，她会在那里等，直到华灯初上。多年之前，太太曾经告诉我类似的话，我听了当然很心酸，可是，当我在电视里看到那些孤儿的时候，太太的话让我欲哭无泪。我决定把我太太的话写下来，目的只有一个，我想告诉千千万万的朋友们，救灾的路真的还很长很长。"

这篇文章触动人心之处，就在于坦诚地把"个人经历"当成方法，当成对话的介质，去讲"激情很脆弱，理性和爱才长久"这个道理。

我知道，对于在作文中写个人体验，语文老师和考生都是很犹豫的。一个语文老师跟我说："如果在高考中大面积写生活和动人故事，又会遭遇立意不深刻，缺乏'家国情怀'的诟病。高考作文是戴着镣铐跳舞，对绝大部分考生来说本质上还是套路化的。有没有走向生活的趋势呢？议论文中的生活应该如何显现？考生自由发挥的空间到底有多大？假如高考作文忠于个人生活和情感体验，评分时又如何避免传统改卷中个人化、情感化的非群体叙事带来的改卷时的障碍呢？高考作文尊重个人感性的体验，道阻且长。"

一个考生给我留言说："我是今年Ⅰ卷高考生，讲实话，我和我的一个同学平日里喜欢写作，但恕我直言，说高考作文下沉到生活还太早，我们这些学生太怕了，怕被扣各种帽子，怕不上升到国家价值层面'太小家子气'，怕不讲大道理便写得'没深度，不思辨'。不敢走险路，只敢求稳。不要说我俗，我在现实中爱写东西、写人话，但在应试里没办法，我只敢写一些'站着说话不腰疼'的、符合应试标准的话。"

应试标准和宏大价值对高中写作教学的支配，由此可见一斑。不过我还是支持考生勇敢写自己的生活，这种"自己的生活"，不是那种琐碎的"个人化情感化"叙事，不是无意义的日常感性记录，而应该是"个人生活中那些能与他者形成共情的不凡经历"。拿我熟悉的新闻叙事来说，一个老编辑说："我关注的还是'不普通'这三个字，任何普通都不能引起我的兴趣。而原本普通的人，做出了不普通的事情，或者在不普通的命运中展示出了一种普世价值，这才是能够打动我的地方。"议论文或评论中的个人故事，不是平凡的私人情感，而是凡人的不凡经历，是有普遍性、共通性、典型性的经历。

"你在文章中写到的个人经历或故事，要让读者产生这样一种感受：我也有这样的体验。"什么叫"我也有这样的体验"？正如一个学者所说，它包含一种超越于我个人意见之上的对某种普遍性的认同。体验一词暗含着一种对于普遍性的认同，或者说，只有被个体感受到的普遍性，才构成"体验"的对象。你要有能力萃取你无数日常经历中那些能与他者形成沟通、蕴含某种"道理"的体验。

比如有一篇文章所讲的个人经历，就是典型的"把自己作为方法"，坦诚地写出个人的体验，解剖自己的经历，作为与他者进行沟通的介质。题目叫《北大毕业，我为什么不敢回乡工作》，开头讲了自己的经历，引出这个话题："前几天和一个同在北大读本科的高中同学聊天，听他说起，我们已经有好几位高中同学在长沙找了工作买了房。他说这话时语气里不无羡慕，我笑着问他：'你想回长沙工作？'他摇了摇头：'不太敢。'"这个对话引出一个能引发名校毕业生共鸣的问题：我们为什么不敢回乡工作？

为什么呢？文章接着讲个人的故事：作为从农村或者小城市考上北大的孩子，高考金榜题名时随之而来的必然是无限的关注与赞美……这种关注并不会因为他们远离家乡上大学而消失，它持续存在并在他们即将毕业或刚毕业时发酵到高潮。而这种欣赏和期许，对于承载着这种期许的北大学子来说，却是一颗重逾千斤的巨石。

作者善于运用"个人故事""个人知识"，把名校毕业生共同的焦虑以举重若轻的方式写出来了，自然、贴切、有机，把我的经历、世界、视角与他者进行交流，带来碰撞或共情。这种带着个人体温的"知识"，既是文章的血肉，也是与他者形成交流的公共触角。

中学生在日常写作中，要善于提炼自己的生活，从日常中提炼出不平常，从平凡中发掘不平凡，将之叙述出来形成积累，才会成为高考作文这种"关键写作"中与庸常写作拉开差距的点睛之笔。

在思辨竞争中让观点脱颖而出
（2024年高考作文命题解析）

  海德格尔在《存在与时间》中说："一把断掉的锤子才更像一把锤子。"什么意思呢？像锤子这样平常的物品，人们对它太熟悉了，熟悉到熟视无睹的地步，这种认知惯性会让人把日常所见当成不证自明的东西。唯当缺失的时候，这才看到所缺的东西曾经完整的样子，例如，只有当它的手柄断掉以至于无法使用的时候，人们才获得一种新的视角。麦克卢汉也说过类似的意思，即鱼上岸后才知道水的重要。

  这就是"价值"的呈现方式。议论文写作，就是一种"彰显某种价值"的专门文体，在议论中去"主张某种价值"。每道高考作文题，它的立意都是引导考生去选择一种"价值站位"，这种价值通常都有某种高尚性、高维性、公共性和普遍性，比如2024年高考的各卷作文题讨论的便是各种价值：坦诚交流的价值、历久弥新的价值、自定义的价值、认可度的价值、探索未知之境的价值、人的智慧和思想相对于人工智能的价值……文章的落点须在这些价值上，但如何彰显这些价值，在何种框架中让这些价值在议论中浮现，考验着学生的思辨能力和批判性思维。

不能孤立地去思考一种价值

价值，是无法孤立地呈现的。一种观点及其承载的价值，必须在思辨竞争的场景中，才能脱颖而出。再举个简单的案例，对于献血的价值，我们最常见到的宣传就是"献血光荣"，这种口号对公众献血的驱动非常有限，有一次我献血时看到医院墙上的一句话，真的被触动了："捐献可以再生的血液，挽救不可重来的生命。""可以再生"与"不可重来"的思辨竞争，让献血的价值充分地彰显出来。议论文的"上价值"，切忌简单直接，须在竞争思辨的语境中让那种价值自然胜出。

就以2024年的高考作文题为例，来看看如何在思辨竞争中让观点脱颖而出。

新课标Ⅰ卷的"人工智能挑战"命题："随着互联网的普及、人工智能的应用，越来越多的问题能很快得到答案。那么，我们的问题是否会越来越少？"考生如果不仔细审题，很容易陷入一种二元价值的陷阱：或者去孤立地阐释"技术进步下问题并没有减少，技术本身带来了很多问题"，或者去孤立地论述"虽然人类会不断面临新问题与新挑战，但文明就是在科技进步应对问题挑战中不断进步的"，孤立地谈人工智能，或孤立地谈人的努力，都没有真正读懂命题的意图。

为什么出这个题目？显然，命题者的问题意识是：人工智能越来越强大，让很多人产生了人会被人工智能取代的焦虑。当多数事情都可以由人工智能去完成的时候，人还有什么价值？

"我们的问题是否会越来越少"的潜在命题是"强大的人工智能下，需要人去解决的问题是不是越来越少"——这样的命题意图提醒我们，无论彰显何种价值，都需要在"人工智能与人"的思辨竞争中去体现。

我在《时评中国4》中有一篇文章就是某种思辨竞争的努力。在这篇文章中，我谈到了此次高考命题中所提出的"问题"，对智能、智识与智慧这三个词进行了区分：智能是什么？就是那种能为某个问题迅速找到最佳答案的能力，很多所谓"小神童"、最强大脑、优等考生、高智商，都在这个层次，而人工智能将这种"迅速得出答案"的能力发挥到了极致。智识是什么？它与智能是反向的，智能是"把问题变成答案"，而智识则是"把答案变成问题"，为什么呢？是这样吗？有没有另外一种可能？一个人知识的增长，观念水位的提升，创新和创造的实现，就是在"把答案变成问题"这个反身性、批判性过程中完成的。智能能"迅速求解"，智识则有能力"延迟判断"，在延迟中"对判断进行判断"，从而提高认知的水位。不满足于既有答案，在"问题化"中挑战它，智识才有增长。智慧，就是智识达到一定高度后形成的、应对多变情境、由此及彼的答案通透力。

在智能、智识与智慧的思辨竞争中，人相对于"人工智能"的价值，就充分地彰显出来了。

新课标Ⅱ卷的"未知之境"，更需要"思辨竞争"：长久以来，人们只能看到月球固定朝向地球的一面，"嫦娥四号"探月任务揭开了月背的神秘面纱；随着"天问一号"飞离地球，航天人的目光又投向遥远的深空……正如人类的太空之旅，我们每个人也都在不断抵达未知之境。

关于"未知之境"的命题，如果仅仅去阐述"探索未知"的意义，只能沦为论述题套路，而没有迈入议论文的思辨与论证境界。议与论，需要找到与"未知"竞争的辨析对象，那就是"已知"，通过"未知"与"已知"的思辨去彰显未知的价值。

我在《许倬云和刘慈欣，都在担心这件事》这篇文章中评论过这个命题："我们是否已经宅得太久，习惯了低头刷手机，忘记了头顶灿烂的星空。我们的宇航员飞向太空，在那里生活了那么长时间，往返流转，不仅给我们提供了一种陌生的太空视角，更呵护着大地对天空的好奇心，用国家的航天梦想给普通人仰望的力量。前段时间看历史学家许倬云的一段访谈，他的一句话特别有震撼力，他说，要有一个远见，能超越你的未见。"一个人不可能攀登得比自己不知道的地方更高，远见就是，能站到未来30年、50年甚至100年的位置看今天的自己，意识到"已知的未知"，而不是活在"未知的未知"中，才有超越的可能。

伊莱·帕里泽在《过滤泡》中用这种分类框架批判过信息茧房，困在过滤泡中的很多人，本质上是屏蔽了很多"未知的未知"，回避了"已知的未知"，把"已知的已知"当成整个世界。经过这番多向度的思辨，"探索未知之境"的命题便有了深度。

因此，必须把一个命题放在"多角度""多方面""多侧面"去考察，才会碰撞出有价值的新命题，议论文不是阐释某个陈旧命题的价值，而是去挖掘新价值，见前人、庸人、不思考的人之所"未见"。

议论文写作须戒除"论述题思维"

与"思辨竞争"对立的是，论述题思维仅仅围绕某个标准答案，在单一维度、简单粗暴地去阐释价值。也就是说，回答论述题的"答题思路"是在踩那些零碎的知识点，而不是写一篇完整的文章。很多中学生的议论文，很像是对这样一些论述题给出的答案：试论述读书的意义，试阐释奉献的价值，试分析新时代语境下人工智能在教育中应用的价值，试论述经典历久弥新的意义……答案无非是围绕那个"意义"：首先、其次、再次、最后。

议论文与论述题的区别在于，议论文不是答题，没有标准答案，不是直接奔向那个"题目所指的意义"，而是需要在思辨中找到自己的论点，然后拿出论据去论证它。论述题只是结论，而议论文则通过思辨呈现出步步得出结论的有机过程。用前面提到的"智能"与"智识"进行区分，论述题需要一种"迅速给出答案"的智能，议论文则需要"将答案变成问题"的智识，这种智识，就是思辨的心智。

有所中学的语文月考作文题叫"兼听"。考生拿到这个题目，脑海里自然浮现的，必然是那个成语"兼听则明、偏听则暗"——顺着这个成语,也自然会把"兼听"这个命题在内心偷换成一道论述题:论兼听的重要性,试阐述兼听的价值,论述兼听为什么会明、偏听为什么会暗。如果缺乏思辨训练,面对一个命题的时候,应试的心智语法很容易将作文题转换为论述题的提问,然后按论述题去答,写成一个缺乏思辨深度的"标准答案",只有死水,而没有思想的水花。

兼听,这是一个很好的作文题,拿到这个题目时,长期受到的思辨训练,让我的批判性思维立刻启动了。我们都知道"兼听则明",但为什么做不到呢?当我们在说"兼听"时,到底在说什么?我想到的是,我们在使用这个词时,都是指着别人:"你要兼听,你不能偏听。"而不是:"我要兼听,我可能已经陷入了偏听。"当人人都把"兼听"当作一个赋予别人的义务,而自己可以逃避"兼听"的要求时,本身就背离了兼听原则。

我还想到了,兼听什么?当下舆论场上声音那么鱼龙混杂,再有共识的事情,都会有不同角度的声音。"兼听"那种明显反常识的声音,只会形成对常识的消解,制造一种价值虚无主义。"兼听"不是无原则地听,听,需要一双智慧的耳朵。

"兼听"这个词本身值得考量,当我们在说"兼听"时,说明已经有了一种先入为主的判断,即某种主判断,然后去"兼"着听听其他的声音。当有了成见、偏见、主见,"兼"本身可能已经成为一种姿态。正确的做法则是,真正去听,认真地听,避免先入为主的前见对其他声音的遮蔽。

作文命题,往往省略了很多关键词,需要你去填空,去对关键词进行琢磨。这个填空与琢磨的过程，就是一个思辨竞争的过程。天津卷的"定义与被定义"，上海卷的"认可度"命题，都可以用这样的"填空思辨法"跳出论述题套路。

观点的价值在于"越过某种障碍"

对于"价值"这个词，社会学家西美尔有一个著名的定义："所有的价值，说它们是有价值的，这是在'只有通过抛弃其他的价值'而获得这些价值的意义上而言的，正是'获得某些东西的迂回曲折'，才是人们把它们'看成是有价值的原因'。也就是说，正是那些在通向对价值的占有的道路上需要越过的障碍，即'为之努力奋斗的紧张状态'，使得价值是有价值的。"

一篇议论文的观点价值在哪里？它区别于论述题的地方在哪里？其真正的价值在于，它能"越过某种障碍"而得出某个结论，并非直奔结论。这个越过障碍的过程，就是一个启动批判性思维、在思辨竞争中让结论脱颖而出的过程。

举个案例，有的大学给家长寄学生的期末成绩单，很多大学生都特别反对，觉得自己成年和独立了，成绩是自己的事，不必再受到家长的窥视。大学生以"我们长大了独立了"为理据，拒绝接受家长的成绩单窥视，似乎很正当。但我在课堂讨论时提出了一个问题，其实在社交媒体的评论区，多数家长是支持大学的这种举措的，认为大学应该给家长寄成绩单。我问同学们，你们能想象出家长支持的理由吗？"家长支持的理由"就是你们的反对所必须越过的障碍。

家长支持寄成绩单的一个重要理由是："谈独立？你们现在跟家长谈什么独立？你们的经济远没有实现独立，每天的生活费都依赖父母，在家靠父母，在外靠父母打钱。就好像一个股份制企业，投资人出钱了，当然有权了解企业的运行状况并看到企业的信息披露。成绩单，就是一种信息披露。"这个看起来很正当的理由，就是"反对寄成绩单"所要越过的障碍。

如果你能论证，不能以"我出钱了，所以我有权介入干预"这套经济逻辑来理解亲子关系。企业的产权在人，人的"产权"在自己，而不是另一个人。父母对孩子教育的投入应当是不求回报的，就像父母对孩子的爱一样。如果按那种"我花钱我就必须看成绩"的逻辑，那么等父母老了，孩子给父母养老时，孩子是否也拥有了对父母的某些支配权？父母花钱让孩子接受教育，不就是为了让孩子成为一个人格和思想健全的人，成为一个独立的人，为自己的各种选择负责任。以"花我的钱就得听我的话""就得接受我的凝视"去过度介入年轻人的成长，在本该孩子真正独立负责的时候断不了那种支配欲，恰恰影响了孩子成为一个独立的人。这样的论证越过了一个关键的障碍，就不是简单地论述，而是在跨过障碍的思辨中去论证一个问题。

还有一个需要越过的障碍，有人认为，让家长看一下成绩单怎么了？如果不是考得很差，为什么怕家长看成绩单？这对于"反对寄成绩单"也是一个障碍。怎么跨越呢？这种逻辑，很像一些人在窥探别人隐私时，理直气壮地说，"你又没做什么见不得人的事，怎么就不能看了，怕别人看，是不是见不得阳光"？这种逻辑显然站不住脚，信息和隐私是一个人个体主权的一部分，拥有可以让别人"闭上眼睛"的合理期待，不能用"是不是见不得人"去绑架。隐私面前，即使家长也不能例外。未经大学生本人同意，绕过作为成年人的大学生而直接与家长联系，以"为了学生好"的名义寄成绩单，这是没有把大学生当成一个可以为自己负责的成年人去尊重。这个论证的过程，就是用"隐私权"越过了"如果不是考得很差为什么怕家长看成绩单"这个有常理挑战性的障碍。

因此，拿到一个议论文题目，不要首先形成一个"合理正当"的闭环，而是要考虑到，这个真的是理所当然吗？会不会有人觉得并不是那么理所当然？反对者会有哪些合理的理由？要得出这个结论需要越过哪些障碍？这个思考的过程就形成了一种思辨推动力，越过障碍的观点才是有价值的观点。"思辨"的关键点在"辨"，对某个正确答案形成挑战，越过了那些挑战和障碍，你最后的那个答案才有意义。"山欲高，尽出之则不高。烟霞锁其腰，则高矣。水欲远，尽出之则不远，掩映断其脉，则远矣。"彰显高山之高，要找到烟霞去衬托；表现山水之远，要找到掩映之物。思之辨之，才有认知和议论的深度。

四 方法与案例

数字生活，不必强求老人适应你的"便利"
——深度思考的艺术

洪凯雯（中国人民大学学生）

数字时代，一位老人可能在外度过怎样的一天？他上公交车时不会用智能手机扫码付款，只好笨拙地掏着兜里的零钱，引起后方乘客的不耐烦；他不明白如何登记信息，在超市门口踟蹰不前；自助结账区域的工作人员不知去向，他面对陌生的机器，拎着满手沉重的物什无所适从……你我对这样的画面也许并不陌生。

一部分人踏着数字化的道路匆匆地路过这些无助的老人，而另一部分人则停下来陪他们慢慢走。10月27日，南京小伙陈康进入了人们的视野，他利用自己的工作经验和专业特长，为70岁的父亲绘制了一本私人定制的"数字生活指南"。

对此，有人盛赞小伙的暖心和孝顺，有人想为自家老人求一本"同款指南"，而笔者看到的是其背后"一刀切"的数字化在无形中对老人产生的压迫。从央视网等主流媒体对此事的报道到网友的评论，潜台词普遍为"应当帮助老人融入便利的数字化生活"，预设其学习者、追随者的身份，将其置于被动的弱势地位，却未曾反思，所谓"便利"可能是一厢情愿，与其要求老人加快脚步，不如主动等一等他们。

尽管目前老年人的数量在总人口中的占比较小，为何仍要留出一部分时间、金钱和人力成本来满足老年人的需求？

一方面，目前我国正从轻度老龄化迈入中度老龄化，老年人数量达到总人口数的17.4%，根据民政部公布的最新预测数据，到2025年年底，60岁及以上老年人口规模将达到3亿人。他们或许是百分比标尺下的"少数人"，但基于我国庞大的人口基数，老年群体的实际数量不容小觑，遑论他们正处于从生理到心理都相对脆弱的人生阶段，和残疾人、孕妇等群体一样需要得到特殊关注和悉心照料。因此，推进数字化的过程不可沦为一场"多数人的暴政"，医院取消现场挂号、公交车仅接受扫码乘车等改革措施只是迎合了年轻人所定义的便利，却可能以摧毁老年群体的便利为代价。

另一方面，不可见的数字鸿沟不仅横亘于年轻一代与老人之间，更存在于老人与老人之间。相关新闻评论中，部分网友骄傲地表示，自家老人已经在家人帮助下学会了刷抖音、叫外卖、微信支付、淘宝购物等，以此佐证老人融入数字化社会并不困难。确实，在城市中，不乏经济条件良好、有一定文化基础、子女耐心孝顺的老人，他们经过一段时间的磨合即可在数字生活中如鱼得水。然而，城乡过渡之地和广大农村地区的老人何去何从？他们或许面临着经济上的窘境，或许识不得几个字，或许子女长期不在身边，当他们产生进入城市、接触数字世界的需求时，物质和精神上的贫困往往将他们拒之门外。

因此，在奔涌前进的数字化浪潮中为老人留一条特殊通道，不仅必要，而且操作起来并不困难。面对那些在数字社会中徘徊的老年人，人性化并不意味着需要付出高昂的成本额外创造服务，而只需做到在"立新"的同时不彻底"破旧"，让冰冷的机器取代有温度的人工服务的速度慢下来，在为年轻人提供便利的同时，也尊重老人眼中的便利。

"数字生活指南"固然暖心，却更近似于潮流裹挟下的无奈之举。让"数字生活"为老年人放慢脚步，才是真正治本之善。

曹林点评：很喜欢凯雯这篇评论，突破"帮老人融入数字化"这个看似理所当然、代表着进步主义光芒的结论，看到了这种观点中包含的年轻人的"话语权力"：让老人去学习，去适应年轻人的"便利"。我一直在课堂上说，批判性思维的启动，首先要善于去对话语进行分析，看似随意的话语中，往往包含着一种意识形态，包含着权力和利益。某种话语往往是以某个群体为中心、用来表达其利益的。只不过因为用得越来越多，或者因为这个群体是主导性群体，后来将一种以利益为中心的概念变成了一种去利益化的、中性化的普适概念，批判性思维就是"批判性地看"，悬置其中性和必然性，看到话语后的权力。

社会群体所使用的语言，通常是被设计用来确保其特殊和优越地位的。很难想象，一个娴熟的批判性思维者不擅长进行概念分析。批判性思维要让我们跳出那种"自我中心主义"和"群体中心主义"话语。

实际上,"学习"就是一种以年轻人为中心的话语体系,孩子从小到大,从一张白纸到填满知识,就是一个学习的过程,他们有学习欲望,更有学习能力,能适应新事物。而老人已经固化,他们已到暮年,学习能力大大弱化,固化的思维和习惯,退化的器官,不再科学的知识体系,让他们缺乏学习欲望、氛围,尤其是新技术新平台的学习。老年人为了完成一次购物支付,就得学习整个网络世界,包括网络知识与网络理念。这对他们是不公平的。

"学习"是一个带着年轻人话语权力的规训话语。站在年轻人的角度,会觉得很多事"不就是一个APP"吗,有多难呢,手机弄一下不就行了?这是因为你已经适应了数字生活,想象起来很容易,但对老人来说,这是一个新的世界,处处是障碍,技术、理念、方法、平台,看不懂的界面和字母,记不住的步骤,眼花缭乱的信息,他们本不需要进入这个世界。但年轻人主导的世界,强迫着老人适应"年轻人的世界",还美其名曰"让老人与时俱进地适应数字社会"。为什么我们在一些方面不去"适应"老人,不去保留传统的方式,等一等步伐缓慢的那群人。是让老人"适应"年轻人,还是年轻人去"适应"老人,本身就是一种文明,数字文明应该包含一种"包容慢"的文明,而不是让一切按下快进键,用快的文明碾压、抛下那些走得慢的人。

公共政策尊重他们，就是考虑他们的习惯，让他们可以免于不断"学习"、不断适应那些年轻人所热衷的"创造"对他们构成的生活障碍。也许，那些所谓数字化，在创新源头上就应该考虑这个群体。

数字社会高歌猛进是进步的象征，但我们有必要反思，当我们谈论"数字社会"这个词时，都是站在"受益者"角度看待数字社会的，以受益者的热情拥抱数字技术对生活的浸润。有句话说得好，当我们是少数人时，考验着我们的勇气；当我们是多数人时，考验着我们的宽容。站在数字受益者的角度，能想到那些数字受害者，例如，数字难民、数字鸿沟另一边的人、数字民工，以及数字的外部性和数字对隐私侵犯带来的巨大风险，这才是数字文明不可回避的另一面。

被迫卷实习的大学生，夹在大学与企业间的可怜人
——垂直的力量

叶童欣（北京大学学生）

当今大学生不仅要卷绩点，还要卷实习。在日趋严峻的就业形势之下，一份优质实习意味着在校招时先人一步，而优质实习岗位往往只青睐有相似实习经历的竞聘者，就业压力层层迭代，原本只有应届生才需考虑的实习问题，已经悄然下沉至大二，甚至大一学生之间。不少意在本科就业的大学生开始通过旷课实习，来为自己的职业生涯早做准备。

对此，大部分高校教师都持反对意见。北京大学姚洋教授就曾在接受采访时坦言："我觉得教育部要在这方面呼吁全社会，坚决杜绝学生在学习期间去实习，假期可以实习。"

高校对在校生出走职场、旷课实习的忧虑合情合理。旷课实习对学业的影响有多大，从用人机构发布的职位要求中就能一窥究竟。在一家针对大学生发布实习岗位的招聘网站上，点开某头部互联网公司的"HR实习生"页面，可以看到录取底线是"每周保证4个工作日，实习期至少3个月"。完整参与一份日常实习并取得实习证明，意味着一名大学生要几乎整整一学

期每周最多只上一天课,而且还要在旷了绝大部分课程、顶着工作压力的情况下完成作业与期末考试,学习效果与生活质量可想而知。对此,社会上常常用"心浮气躁""短平快"等词汇描述行色匆匆的大学生,指责他们急急忙忙地旷课实习,浪费了大学的大好资源。然而,却很少有人想过,大学生究竟为何走出课堂、走向职场。

试想,我们的大学生,寒窗苦读数十载,一朝步入"囊括大典、网罗众家之学府",总是有些学术理想在萌动的;同样是这批学生,刚一入学就要为求职困境心忧,他能不害怕吗?他们一面对学术探索心向往之,一面因职业生涯担惊受怕,左右为难之下选择平日旷课实习,期末挑灯夜战,这样一群在理想与现实之间反复碰壁的年轻人,才是可怜人。

试问,大学生为什么放着专业课不上,匆匆忙忙去实习?自然是因为大学的经历无法在求职市场中给予他安全感,而这种安全感兼具"术"与"道"两重含义。以"术"言之,大学较少开设工具类课程、对学生实践应用能力的培训有限,这是客观事实,但也有其背景,因为正如美国著名教育家弗莱克斯纳当年指出的,"工业界已经发展了利用纯科学研究的方式,因此它不需要大学的实用性"。然而,大学未能在"道"上赋予学生安全感,却是令人遗憾的——尽管学者们再三强调大学培育人格、夯实基础的任务,但现实中"唯分数论"的考核机制究竟能否培育出韦伯"科学作为天职"的信仰是值得怀疑的。因为即便在这片宁静的土地上,大学也是在用市场的方式来评判他们。

而真正的市场又待大学生如何呢？有的实习生幸运地对行业有所洞见、锻炼了一定的技能；而更多人只是用几个月的时间学当一颗螺丝钉——当他身在公司巨大的系统之中时，他似乎在短暂的实习生涯中实现了些什么，但一旦离开那条流水线，他就会发现自己其实什么也没有"学到"。可怜的是，他还得继续积累履历、辗转"学习"。

坚决杜绝学生在学习期间去实习，大学有没有能力做到这样的"坚决"呢？比起一纸禁令，如果大学教育能像它自称的那般真诚，如果企业能以发展而非利用的视角看待，或许，会有更多学子愿意留下。

曹林点评：这是一篇很有洞见的文章。洞见是有质感的独到观点，观点可能是评判问题的一种方式，洞见却是在"相互作用的复杂过程中"得到的判断。作者通过把实习这种行为置于大学和市场的语境中进行分析，看到了这种困境的深层复杂性。大学教育无法给大学生以安全感，其考核标准易让学生陷入内卷，市场又用另一套工具逻辑规训学生，这种双重压迫是实习之窘迫感背后的政治经济环境。批判性思维很重要的一个方面是拥有整体思维，在整体中看个别，把一种现象、一个人物置于宏观的、整体的结构环境中去审视，才能拥有深度。这篇评论做到了在教育和市场体制的结构环境中去理解实习。

该不该给孩子背书包谁说了算？
——角度的美感

宋思静（中国人民大学学生）

今天中午刷微博的时候看到一条新闻：深圳一校长站在校门口坚持让接孩子的家长把书包还给孩子自己背。这条新闻引起热议的点在于该不该给孩子背书包，讨论者多是家长，两方论点分别是"现在小学生的书包太重"和"应培养孩子的自理能力"。

我其实不太能理解这番热火朝天的讨论，更疑惑的是另一相关方的缺席：孩子。

如果我们送朋友远行，看见他笨重的行李大多会问一句：你累吗？需不需要我帮忙拿一点？而不是仅仅自己在心里想，我需不需要帮他拿一点？为什么对象成了在上小学的孩子，就不一样了呢？我觉得问题主要在他们并没有真正重视孩子自己的意志。

校长在校门口阻止帮孩子背书包的家长，初衷无非是要培养孩子的自理能力。但我认为现在的孩子最大的问题不在于自理能力的缺失，而在于自我意志的培养与表达。校长的做法，看上去似乎是在培养孩子的独立性，是为了孩子好，但其行为仍旧是干预了孩子自己的意愿。

如果孩子的书包真的太重，为什么家长就一定不能帮他背？为什么是校长和家长决定这件事，而不能通过更简单直接的方法：询问孩子的意见。"你觉得自己的书包会不会太重？需要我帮你背一会儿吗？"如果培养的是一个有主见、有独立意志的孩子，面对这个问题最合理的做法难道不是直接问这样一句话吗？

校长这种行为的实质则是，用一种社会主流认可的价值观，试图培养一个社会认可的理想人格，没能让孩子表达自己的声音与意见。

我记得上个学期末，约了同学一起去外教 Michael 家里做晚饭吃，我在他们家感受到了一种让我很舒服的家庭氛围。吃完晚饭后，大儿子给我们表演吉他指弹。大家赞叹之余，小儿子扑在爸爸身上，睁着蓝色的大眼睛说他想要学吉他。Michael 停止和我们聊天，认真地看着他问："你是认真的吗？为什么想要学吉他？你能坚持下来吗？"小儿子考虑了一会儿点点头，于是 Michael 回答："好的，我这几天帮你找一个地方，但是这是你的决定，你要自己为它负责。"我在一旁看着，觉得这样的教育真理想。

从我懂事以来，就一直听到关于培养孩子自理能力、不要溺爱孩子的论调，但是从那天晚上之后我突然觉得，若是真谈两者的区别，最关键的恐怕还是在尊重孩子对自己负责的独立性。比起培养一个坚强隐忍的好孩子，更为重要的是培养一个有独立意识的人。

该不该给孩子背书包这个问题,什么时候才能让孩子自己说了算?

曹林点评:好的角度,能让人眼前一亮:"我怎么没有想到呢?我为什么看不见呢?"这篇文章带给读者的便是这种"角度新鲜感":当舆论沉浸在"谁来背书包"这一问题带来的观点冲突中时,思静同学看到了讨论中缺失的视角,即孩子自己的角度——这种缺失是一种习惯性的缺失,一种常见的盲区。因为,当我们思考这类问题时,都是习惯性地用成人视角、俯视和说教的视角,而很少看到作为问题的关键的当事人的缺席。

这种缺席,还源于我们容易被新闻和材料带节奏。相关新闻报道本身预设的就是以老师和家长的视角进行讨论,而没有提到孩子——因为报道者本身就是成人,其角度不自觉地就带入为家长视角。如果我们看新闻、读材料时缺乏批判性思维,没有"材料本身是从何种角度出发""新闻本身预设了何种框架""材料本身是不是带有某种偏见"的反身思考,便很难从固化思维里跳出来。

有一种冷叫"妈妈觉得你很冷",有一种感动叫"无视他人情感的'自我感动'",角度的奥秘就在于,能够跳出来看问题,用不同的眼睛去审视,例如,用老师的眼睛、家长的眼睛、孩子的眼睛、过去的眼睛、未来的眼睛……"不识庐山真面目,只缘身在此山中",跳出来看,才能看到"真面目""多面目""陌生的面目"。

在别人的荒漠中找到属于自己的鸟语花香
——语言的魅力

戴先铭（北京大学学生）

近日，一位来自华东理工大学的大二男生唐同学在某视频网站上传了自己6天5夜坐公交车到北京的 vlog，引发了全网的关注与讨论，尽管绝大多数人都对这件事抱有欣赏与支持的态度，认为唐同学非常勇敢，做了一件很有创意的事情。但仍有不少人对此不屑一顾，诸如类似"荒废学业""作秀""浪费生命""毫无意义"等观点层出不穷，将唐同学的经历贬低得一文不值，这不禁让我感到困惑。

回顾事件本身，唐同学的旅程始于4月29日的上海奉贤，止于5月4日的北京路庄，而根据华东理工大学公众号显示的"五一放假安排"，学校于5月1日起放假，一直放到5月6日，再结合他在视频中提到的为这场旅行策划了五六天，不难看出，他充分权衡了各个因素，才把时间确定下来，旅程的绝大部分时间都属于假期时间，"荒废学业"的说法不攻自破。

唐同学在视频中非常强调自己地理迷的身份，他在挑选路线的时候参照地图，发现上海到北京的公交路线环环相连，这才定了自己旅程的区间。他在视频中多次提到一路上不断变化的建筑风格、地域风貌、方言习俗，这让他能够很好地补充课本上的知识，体验和感受这些以更具象化的方式呈现出来的知识。"乘公交车既有独特的景色，也有独一无二的经历"，他这样说道，并提及他之前还有过两次公交旅行的经验，这样看来他也算驾轻就熟了。据统计，2021年中国五一出行人数达2.3亿人次，那作为其中之一的他，为何不能选择背上自己的背包，去拥抱自己的爱好与理想呢？而那么多人所追问的意义到底是什么，又为什么他们会对所谓的"意义"如此执着？

唐同学的行为在他们的眼中都是"无用"的事情，他们无法理解为什么会有人花上这么多天坐公交车，只是为了完成一项看起来再简单不过的任务（从北京到上海）。尤其是唐同学的身份还是一个大学生，于是掀起一浪又一浪，令唐同学6天的旅行看起来格格不入。

因为太执着于眼前的得失，人们反而不能看到远处的事物，不能理解海德格尔口中的"在诗意的世界里，万物不再被技术所设定而成为工具，它自身即是目的"的真谛，也就更不能接受乐观主义者所奉行的"无用之用方为大用"。他们想象中的社会是各司其职，每个人在什么阶段该做什么事情，是绝对的秩序与绝对的安排，任何不能为社会产生直接增益、促进机器运转的行为都是禁忌，都是他们口中的"浪费生命"与"无意义"。

如果凡事讲求目的，那目的本身或许就失去了作为目的的意义与价值，当我们真正能够意识到所做的事本身就是意义，就如同唐同学在旅途中感知到了公交车带给我们的人文关怀，切身体会到了普通生活的滋味，而不是只有象牙塔中的安逸与隔绝，这些都是旅程带给他的收获，而不是目的带给他的。

"反正我只希望我们每个人，尤其是我，脚都能多沾点地，多热爱生活吧。"唐同学在视频结尾说。谁又能知道，他的下一站是在哪里呢？但我知道，那里可能没有高楼大厦，没有钢筋水泥，但一定有属于他的鸟语花香。

曹林点评："别人的荒漠""自己的鸟语花香"，我特别喜欢这种"思辨的张力"："别人"与"自己"、"荒漠"与"鸟语花香"形成了一种对话与冲突，在冲突的化解中呈现观点，彰显价值。

文章的"评论区意识"很强，所谓"评论区意识"，就是能从评论区清晰地看到"对手"，即观点能够成立所需要越过的"障碍"，这个障碍就是评论的靶子：但仍有不少人对此不屑一顾，诸如类似"荒废学业""作秀""浪费生命""毫无意义"等观点层出不穷，将唐同学的经历贬低得一文不值，这不禁让我感到困惑：他们到底为什么会对这种事情有如此之大的恶意？写时评文章需要有一个问题在胸中奔涌，这就是看得见的问题。这个困惑，不只是作者的困惑，也是很多读者的困惑。共有的困惑，形成了作者评论的"问题意识"，即意识到这是一个需要回应的问题，这种"挑战—应战"才让评论有了价值。

当很多评论刻意回避这些"评论区的不同声音",只是单纯地去赞美"千里骑行"的美丽时,那种自我感动式的上价值,很容易变成一碗浮在表面的鸡汤。这篇评论没有自说自话,而是剑指评论区提出的那些问题,在直面问题、与不同声音的对话中,建构一种"耐思""耐撕"且 nice 的观点,避免了观点的空洞与悬浮。

我为衡水中学鸣不平
——理据的冲击力

辛嘉荷（北京大学学生）

被称为"教育神话"的衡水中学一直处于教育话题的风口浪尖，随着高考的临近，衡中话题热度再度攀升，诸如"衡水中学学生洗澡就不吃饭""衡中学生给父母打电话痛哭""女童边输液边参观衡水中学"等话题被顶在了微博热搜榜的前列，引发了关于衡中教育模式的新一轮讨论，观点不外乎"骂"和"夸"两个方面，当然骂衡中模式的居多，"悲哀论""畸形论"等标签提出后随即得到众多支持，衡中也被冠以"高考工厂"的外号。

我不是衡中的学生，也不喜欢衡中的教育模式，也反对前段时间深圳的高考移民，但是我却为衡中所遭受的"口诛笔伐"深感不平，反感那种缺乏"同情地理解"的傲慢与偏见。

首先，衡水中学确实有不少值得学习的地方，很多学校在应试上其实一点不比衡水中学差，只不过是"渴求成为衡中而不得"，而衡水却把自己做成了标杆。衡水中学创造了一个又一个高考神话，无论是北大清华考取的人数，还是重点大学升学率，在全国范围内都名列前茅，衡中已然成为一个教育品牌，而且衡水中学作为标杆的经验是可以复制的，全国各地的中学都来衡中学经验、搬模式。不客气地说，衡中和人大附中的教育培养完全不在一个层次，但是很少有学校照搬人大附中的模式，原因即在于大部分中学都不可能具备人大附中的资源和条件，而衡水模式的意义即在于为广大资源贫乏的学校提供了一条可执行的发展道路。

其次，衡中模式虽然在应试上创造性地"狠"，却为学子提供了更多的机会。素质教育尚未普及且成本较高，成绩一般的普通孩子没有机会通过各种特长获得自主招生加分，高考可以说是他们实现梦想的唯一途径。而出生在高考大省的河北，更是"雪上加霜"，2018年高考人数48万人，但是清北等名校招生并没有因为高考人数多而向河北有指标倾斜。对于考生而言，他们只有更适应考试规律才能在激烈的竞争中获得有限的名额，也就是说他们必须练就过硬的应试技能，而衡水中学无疑为他们提供了良好的条件。

我们在骂衡水中学的管理无人性的同时，大多数的衡中同学却在感谢它。我曾和一位北大的衡中同学聊天，他告诉我：也许衡中曾给他带来太大的压力，但是他仍然感恩那段日子，忙碌而充实，没有衡中，他不可能来到北大。

最后，应试教育的大环境下，总会有标杆出现，衡水中学不应该成为应试教育的背锅侠，衡中只是中国教育的一个缩影。高考作为全国规模的人才选拔考试，它的考核内容直接决定学校的教授内容。以军事化管理、题海战术、励志标语著称的衡水中学也只是在应试教育这样的大环境下，摸索出来属于自己的适宜的教学方法罢了。如果仅仅抨击衡水，而不改变应试教育的现状，即使"衡水"倒下了，还会有更多类似的学校出现。与其将目光盯着衡中，不如尝试改变全国教育的大环境。

作为中国教育环境中的一个典型缩影，衡水中学承担了太多本不应该指向它的责备，我为衡水中学鸣不平。

曹林点评：写评论，不要害怕标题和文章中出现"我"，"我为衡水中学鸣不平"这个题目中，"我"的感性或理性的存在，是文章生命力、对话诚意、思想主体性的一种体现。"我"不是一个高高在上、向下俯视说教的人，"我"不用是上帝视角来讲大道理，而是贴近地面、贴近生活、贴近大多数人，来讲讲关于衡水中学的道理。当外界对衡水中学充满误解的时候，我来说几句公道话。

这篇文章的情感很充沛，充满感染力，这种力量正来自"不平感"——我们在写作中要让文字有冲击力，需要将自己在情感上调整到一种"不平"的气场上，人在感到"不平"的时候，才会产生一种强烈的表达、分享、说服的欲望，不吐不快，将不平之气尽数倾倒，用文字和逻辑去追求一种公平、平衡、平等。写文章不仅是"摆事实、讲道理"，道理要具备说服力，还需要诉诸某种气场和气势。很多时候，逻辑的雄辩、论证的力量、观点的冲击力，都源于内心涌动的那种"不平之气"，在

"鸣不平"的表达中用层层论述赢得"共鸣"。"鸣不平"的核心不是渲染情绪,而是带着情感关怀去讲道理,让道理富有"追求平等"的普遍感染力。

如果"鸣不平"只是情绪渲染,那便配不上被称为"评论"。这篇文章的核心在于三个层面的道理:1. 衡水中学是可以复制的标杆;2. 衡水中学为普通学子提供了机会;3. 衡水中学不应成为应试教育的背锅侠。综上,道理+"鸣不平"的情感,才是好评论,反之,情绪+情绪,则只是一种发泄。

我为什么不喜欢这样的"北大学长""北大学姐"
——锚定靶点让问号更有力

杨飘（北京大学学生）

近日，一名ID叫作"奶黄包"的抖音网红在北大校内引发大量讨论。原因是，该网红的小红书认证来自北京大学，常在抖音平台分享如"北大好还是清华好""北大女生的书包里都有什么"等相关话题，并在抖音平台进行直播带货活动。斥责其消费学校者有之，不耻其"恰烂钱"者有之，认为其行为并无不妥者有之。无独有偶，同在抖音平台活动的北大网红"羊毛月"同样因过度消费学校而在校内充满争议。

在社交网络分享自己的生活本是个人自由，北大学生的身份并不会阻碍这份自由。考入北大确实是对一个人的认可，至少是学习能力的认可，为之骄傲是人之常情。以北大学生的身份在社交网站活动本身并无不妥。事实上，以北大学生身份在社交平台活跃的同学也不在少数，其中，以李雪琴为代表的专注内容创作的校友在校内就收获了众多同学的喜爱。

但以北大学生的身份获取流量，每条视频都带上北大标签，甚至每条视频必携北大学生证出镜，以"北大学姐亲笔签名书签""北大学姐推荐xx课堂课程"为名带货，是否就有消费学校之嫌？平心而论，抹去视频中的"北大"因素，同样内容的视频能获得多少流量？同样的带货直播又能有多少销售额？观众想要的真的是你的签名书签吗？买课的人又真的是因为课程本身优质吗？我想，这些问题的答案，每条视频必带学校ID的网红心里一清二楚。

考入名校的人毕竟是少数，出于对名校的向往和对名校生活的好奇，人们想要通过短视频平台窥见一角。"北大学长""北大学姐"的出现，正好满足了观众的需求，这也是这些名校网红能获得少则几万、多则几十万关注的原因。深谙此道的名校网红利用"名校光环"迅速获取关注，甚至直接变现。可他们是否想过，当出于对名校学长学姐身份的信任而购买这些学长学姐其实并未上过的课程，最终购买者发现其对自己并无帮助后，人们是否会因为你的表现说上一句，"北大学生也不过如此"？事实上，当他们每条视频都带上北大标签时，当他们为并不曾上过的课程打出名校学生推荐的标签时，学校的声誉也与他们挂上了钩。如果没有能力去承受光环褪去的反噬，便不该轻易拿起名校光环这把"金钥匙"。观众真正想看的是名校的真实生活，不是刻板印象的强化，人们想看到的是你在北大学到了什么，而非你靠着一张北大学生证能得到什么。校友们更是不希望看到这些自身毫无内容、一味消费学校的人。

我不喜欢如"奶黄包""羊毛月"之类的"北大学长""北大学姐"。北大之所以是北大，靠的不是虚名，更不是消费学校的网红带来的流量,靠的是一代代北大人的勤学和积累。名校光环从来不是人生利器,或者说,不可能一直是人生利器。刨除北大学生身份之后剩下的,才是你自己的能力。希望活跃在各大平台的所谓"北大学长""北大学姐"能早日明白这一点。

曹林点评:这篇文章值得学习的地方在于,对观点进行了很好的捍卫,开门见山地对本篇文章"批评的不是什么"进行了清晰的界定:1. 在社交网络分享自己的生活是个人自由,北大学生的身份不会阻碍这份自由;2. 以北大学生的身份活跃在社交网络本身并无不妥,比如李雪琴专注内容的社交呈现就在校内赢得了广泛喜爱。这种界定非常重要,避免了评论陷于无聊的口水战,避免文章在"怎么北大学生就不能到社交媒体分享了"这种低端环绕。这种界定,也是通过"反对的不是什么"去鲜明地主张"反对的是什么":反对拿北大身份当招牌,反对缺乏实质内容、与北大身份不符的光环消费。

一些文章之所以很难深入,就在于总被一些"低层次的问题"所纠缠,写几句,就要为"低层次问题"辩护几句。当然,我这篇文章并不反对自由分享,但总纠缠于基本问题,写几句就往回走,不断回头,不断跟"低级问题"对话,逻辑怎么可能深入呢?反之,以"开门见山"的方式对观点进行清晰界定,意思是,你们不要在这些低级问题上跟我纠缠了,我要讨论一个深入的问题,即通过在深度上的分析,来论证为什么反对对北大身份进行消费。

平心而论，抹去视频中的"北大"因素，同样内容的视频能获得多少流量？同样的带货又能有多少销售额？观众想要的真的是你的签名书签吗？买课的人又真的是因为课程本身优质吗？我想，这些问题的答案，每条视频必带学校ID的网红心里一清二楚。

文章中有很多问号，"问号"不是将问题抛给读者，而是一种修辞方式，因为前面已经进行了论证，阐明了观点，这时候的问号就形成了一种力度，答案尽在其中。如果文章缺乏论证，只有问号，那么问号只会形成一种反噬，每个问号都可以反抛给作者，形成对观点的消解。

我不喜欢，相信你看完了我的论证之后，你也不会喜欢，这就是一篇好文章形成的论证效果。而不是：不管你喜不喜欢，我就是不喜欢——这只是一种自闭与自负。